ALPENVEREINS-SKIFÜHRER

OSTALPEN BAND 3

Foto:
D. Seibert

DIETER SEIBERT

Alpenvereins-Skiführer

Ostalpen Band 3

vom Allgäu bis zur Bernina

Allgäuer Alpen, Tannheimer Berge, Lechtaler Alpen,
östliches Ferwall, Samnaunberge, Silvretta, Unterengadin,
Münstertaler Alpen, Oberengadin

Mit 102 Bildern, 12 siebenfarbigen Kartenausschnitten
sowie einer dreifarbigen Übersichtskarte
im Maßstab 1:600000

BERGVERLAG RUDOLF ROTHER GMBH · MÜNCHEN

Umschlagbild:

Der Schochen über dem Obertal,
hinten der Schneck (Allgäuer Alpen)
Foto: F. Heimhuber

Bild gegenüber Titel:

Unberührte Hänge unter dem Schartschrofen (Tannheimer Berge)
mit der Spur des Autors
Foto: D. Seibert

Der Text aller in diesem Skiführer beschriebenen Anstiege und Abfahrten wurde nach bestem Wissen und Gewissen des Autors ausgearbeitet. Dieser und der Verlag können jedoch keine Haftung für die Richtigkeit der Beschreibungen übernehmen.

1. Auflage 1981

ISBN 3763356077-X
Hergestellt in den Werkstätten Rudolf Rother GmbH, München
(2040/1470)

Geleitwort für den Alpenvereins-Skiführer Ostalpen Band 3

Alpenvereinsführer gab es bisher nur für den Sommer-Bergsteiger; für Wanderer, Kletterer und Hochtouristen. Einige der bis zum heutigen Tag erschienenen 41 AV-Führer berücksichtigten wohl die wichtigsten Skirouten, trotzdem blieb die Frage nach einem speziellen Leitfaden für den Bergsteiger im winterlichen Gebirge, für den Skitourengeher, offen.

Der erste Alpenvereins-Skiführer erschien im Herbst 1979, Band 2 im Herbst 1980; dem hier vorliegenden 3. Band werden weitere Bände folgen. Wenngleich man hier dem Vollständigkeitsanspruch (jeder Berg über jede Route) nicht gerecht geworden ist (und auch nicht gerecht werden konnte) und dieser Führer eher eine attraktive Auswahl von Skitouren vorstellt, möchten der Deutsche und der Österreichische Alpenverein trotzdem und mit gutem Gewissen Pate stehen; denn — die Ziele für den Skitouristen erfahren von selbst eine bestimmte Einschränkung.

Herbst 1981.

Für den Verwaltungsausschuß
des Deutschen Alpenvereins
Raimund Zehetmeier
Vorsitzender des Verwaltungsausschusses des DAV,
München

Für den Verwaltungsausschuß
des Österreichischen Alpenvereins
Gedeon Kofler
Vorsitzender des Verwaltungsausschusses des OeAV,
Innsbruck

Inhaltsverzeichnis

Die Zahl hinter dem Namen ist die Tourennummer
TG = Tourengebiet

1.2 Rund um das Kleinwalsertal

1.3 Zwischen Iller, Trettach und Ostrach

1.4 Im Süden des Tannheimer Tales

1.5 Die Tannheimer Gruppe

2. Im Bereich des Lechtales

3. Samnaunberge

4. Beiderseits des Paznauntals

5. Unterengadin

Dank an Mitarbeiter

Verfasser und Verlag sind für Beratung und Mitarbeit zu Dank verpflichtet:

Beratung

Heinz Groth
Dieter Maresch

Mitarbeit

Dieter Elsner (6 Touren)
Felix Holzermayr (4 Touren)
Dr. Erich Knoll (1 Tour)
Dieter Maresch (1 Tour)
Dr. Egon Pracht (9 Touren)
Peter Seibert (2 Touren)

Alpine Auskunft

Mündliche und schriftliche Auskunftserteilung in alpinen Angelegenheiten für Wanderer, Bergsteiger und Skitouristen

→ **Deutscher Alpenverein**

Montag bis Freitag von 8.30 bis 12.30 Uhr
D-8000 München 22, Praterinsel 5
Telefon (089) 29 49 40
[aus Österreich 06/089/29 49 40]
[aus Südtirol 00 49/89/29 49 40]

→ **Österreichischer Alpenverein**

Montag bis Freitag von 8.30 bis 12.00
und von 14.00 bis 18.00 Uhr
Alpenvereinshaus
A-6020 Innsbruck, Wilhelm-Greil-Str. 15
Telefon (0 52 22) 2 41 07
[aus der BR Deutschland 00 43/52 22/2 41 07]
[aus Südtirol 00 43/52 22/2 41 07]

→ **Alpenverein Südtirol**
Sektion Bozen

Montag bis Freitag von 9 bis 12
und von 15 bis 18 Uhr
im Landesverkehrsamt für Südtirol – Auskunftsbüro
I-39 100 Bozen, Waltherplatz 8
Telefon (04 71) 2 18 67
[aus der BR Deutschland 00 39/471/2 18 67]
[aus Österreich 04/04 71/2 18 67]

A. Einführender Teil

Ein paar Worte vorab

Zum Führer

Die Allgäuer und die Schwaben mögen es verzeihen, wenn ein Oberbayer ihre Skitourenheimat in diesem neuen Führer behandelt. Doch die Weilheimer grenzen ja sowieso unmittelbar an das Ostallgäu. Außerdem kann mit so fachkundigen Mitarbeitern wie Heinz Groth und Dieter Maresch wohl nicht viel schieflaufen.

Mit diesem Band haben wir den Stil der **Alpenvereins-Skiführer** ganz entscheidend weiterentwickelt. Wie bisher werden die interessantesten Touren ausführlich auf einer ganzen Seite beschrieben, dazu kommt — und das ist **neu** — ein kurzes Erwähnen der übrigen Möglichkeiten. Damit ist eine gewisse Vollständigkeit erreicht. Natürlich wird mancher noch das eine oder andere vermissen. Doch es muß, gerade bei Skitouren, irgendwo eine Grenze gezogen werden, man kommt sonst ins Uferlose. Nicht jeder dichte Wald und jeder „senkrechte" Tobel, durch den schon einmal ein Spezialist mit Ski gefahren ist, verdient das Prädikat „aufnahmewürdige Abfahrt".

Ich habe nicht alle Teile des Arbeitsgebietes gleich ausführlich behandelt. Besonders genau wurde das Allgäu bearbeitet, ist hier doch die größte Zahl von Skifahrern unterwegs. In den entfernteren Berggruppen wurden dann verstärkt besondere Zentren wie die Hütten der Silvretta herausgegriffen.

Lawinenlagebericht

Der allgemeine Lawinenlagebericht kann aus der Bundesrepublik Deutschland unter folgenden Rufnummern abgerufen werden (Tonband):

- **Bayern 0 89 / 1 25 95 55**
- **Tirol 00 43 / 52 22 / 1 96**
- **Vorarlberg 00 43 / 54 46 / 1 96**
- **Schweiz 00 41 / 1 20**

Auch bei größter Sorgfalt lassen sich Unrichtigkeiten nicht vermeiden. Man denke daran, daß bereits beim Erscheinen eines Führers die Recherchen allermindestens ein Jahr alt sind (Herstellungszeit).

Der Bau von Liften und Bahnen, von Straßen und Häusern, das Abholzen von Wäldern und das Wachsen der Schonungen schaffen rasche Veränderungen. Es kann auch so sein wie am Frieder (Ammergauer Alpen): Eine einzige Föhnböe verwandelte den dichten Fichtenwald in eine kilometerbreite Lichtung.

Warnung an den Skitouristen

Die vielen Toten im Bergwinter 1980/81, in dem dieser Führer entstanden ist, sollten für jeden eine eindringliche Warnung sein. Skitouren und Tiefschneefahrten haben in den letzten Jahren eine ganz ungewöhnliche Expansion erfahren. Dadurch ist heute mancher unterwegs, der den gestellten Anforderungen in keiner Weise gewachsen ist. Man muß auf den Touren Beobachtungen machen, die einem die Haare zu Berge stehen lassen; gröbster Leichtsinn und gefährliche Selbstüberschätzung sind an der Tagesordnung!
Gutes Skifahren alleine ist viel zu wenig für das winterliche Hochgebirge! Hier lauert eine Vielfalt von Gefahren:

Lawinen
Verirren im Nebel und Schneesturm
Unterkühlung und Erfrieren
Gletscherspalten und Eisbrüche
Abbrechen von Wächten
Absturz auf hartgefrorenen Hängen
Selbstüberschätzung usw.

Jeder muß das Können, Wissen und die „Tugenden“ eines erfahrenen Bergsteigers mitbringen, muß sich entsprechend sorgfältig ausrüsten. Der Neuling muß lernen und nochmals lernen, von Kameraden, aus Büchern, durch das Analysieren aufgetretener Situationen und begangener Fehler. Man hüte sich vor allem vor der Selbstüberschätzung! Am stärksten gefährdet sind die „Halbgebildeten“, die das Gefühl haben, mit allen Wassern gewaschen zu sein und damit praktisch immun gegen jede alpine Gefahr — inklusive der Lawinen.

Also lernen und vorsichtig sein!

Zum Gebrauch des Führers

Die **Beschreibungen** sind so genau und detailliert, daß sich auch der Gebietsfremde bei unverspurtem Schnee zurechtfinden kann. Dazu trägt auch wesentlich bei, daß meine Mitarbeiter (23 Touren) und ich (114 Touren) alle Routen in den vergangenen Jahren selbst begangen haben, die Beschreibungen also weder aus der schon verblaßten Erinnerung noch vom Hörensagen niedergeschrieben wurden. Sollten Sie dennoch auf Unrichtigkeiten oder Veränderungen stoßen, dann teilen Sie das bitte mir mit (Dieter Seibert, Zugspitzstraße 9, 8121 Wielenbach).

Karten. Die beste Beschreibung bleibt ohne eine gute Karte nur Stückwerk. So haben wir die wichtigsten Tourengebiete mit eigens angefertigten Kärtchen ausgestattet. Für die Touren, die auf diesen Kärtchen nicht dargestellt sind, sollte man sich die Blätter der Landesvermessungsämter (Bayern, Österreich, Schweiz) im Maßstab 1:50000 kaufen. Nur von der Silvretta gibt es eine AV-Karte.

Namen und **Höhen** entstammen den offiziellen Karten; sie stimmen manchmal nicht mit den Bezeichnungen der Gebietskundigen überein.

Es wurden nur **Abfahrten** ausgewählt, die echten Skigenuß schenken, und die für den üblichen Tourengeher nicht zu gefährlich sind.

Die in der Übersicht angegebenen **Himmelsrichtungen der einzelnen Hänge** sollen bei der Planung der Tour und ihrer Durchführung helfen, etwa nach dem Motto: Welche Hänge sind bei den herrschenden Lawinen-, Wetter- und Schneeverhältnissen am günstigsten?

Richtungen werden im Führer häufiger mit rechts oder links angegeben als mit Ost, West usw. Die Erfahrung zeigt nämlich, daß vielen Bergsteigern unterwegs oft die Himmelsrichtungen im Moment gar nicht bewußt sind, und sie zu bequem sind, auf der Karte nachzuschauen. Die verwirrenden Bezeichnungen „orographisch links (und rechts)“ wurden gar nicht verwendet.

Gletscher verändern ständig ihr Aussehen. So sind Routenbeschreibungen im Gletscherbereich ein problematisches Unterfangen (vor allem bei den großen Eisbrüchen der Berninagruppe). Man erkundige sich deshalb bei den Hüttenwirten nach den besten Passagen.

Zeitangaben in Skiführern können sich nur auf das Gehen in einer vorhandenen Spur beziehen. Die hier aufgeführten Angaben sind also Zeiten für ideale Verhältnisse; tiefer Neuschnee kann den Bedarf leicht auf das Doppelte hinaufschnellen lassen, ja, es kann vorkommen, daß man sein Ziel gar nicht erreicht.

Die **Höhenunterschiede** sind beim Bergsteigen meist viel bedeutender als die Entfernungen. Um jede Verwechslung zwischen Entfernungs- und Höhenmetern auszuschließen, habe ich die Abkürzung **Hm** (= Höhenmeter) eingeführt. Außerdem: ein guter **Höhenmesser** sollte zu jeder Ausrüstung gehören!

Auch **Schwierigkeitsangaben für die Gipfelaufbauten,** die man zu Fuß besteigt, sind eine sehr problematische Sache. Einmal trifft man idealen, weichen Schnee mit dicker bequemer Spur, ein andermal auf beinharten Harsch, den man nur mit Steigeisen und Pickel überlisten kann.

Tips und Hinweise

Bei der Wahl des Zieles beweglich sein!

Mancher Skifahrer sucht zu Hause eine bestimmte Tour heraus und führt sie dann mit einer erstaunlichen Sturheit durch, mag sie bei den herrschenden Wetter-, Schnee- und Lawinenverhältnissen auch noch so ungünstig sein. Dabei sollte man bei den Skitouren noch viel stärker als bei sommerlichen Fahrten das Ziel möglichst „hautnah“ den Verhältnissen anpassen. Welche Hangrichtung läßt auf den besten Schnee hoffen (wir haben bei allen Touren — erstmals in einem Skiführer! — die Haupthangrichtung angegeben)? Welchen Gipfel erreiche ich rechtzeitig, bevor der Schnee bodenlos aufweicht? Welchen Aufstieg finde ich auch bei mittelmäßigem Wetter? An welchen Hängen und zu welcher Zeit sind Lawinen zu befürchten? Wie kann ich die herrschende Lawinengefahr vermeiden? Welches Ziel erreiche ich trotz der Schwerarbeit beim Spuren? Aus diesen und noch einigen zusätzlichen Faktoren muß man die maximale Tour heraussuchen und -finden, ja sogar eventuell noch kurzfristig umplanen.

Aufstieg wie Abfahrt

Bei zahlreichen Touren hat es sich eingebürgert, auf einer anderen Route aufzusteigen als abzufahren. Diese Praxis mag den hervorragenden Kenner des entsprechenden Geländes mehr Abwechslung oder auch einmal (aber selten!) einen bequemeren Aufstieg bieten, dem Gebietsneuling aber beschert sie so gravierende Nachteile, daß ihm dringend davon abgeraten werden muß. Denn von oben ist das Gelände — vor allem in der Waldregion — wesentlich unübersichtlicher, und ohne die Leitlinie einer Aufstiegsspur endet die Abfahrt nur allzu rasch in Bachtobeln oder undurchdringlichem Dickicht. Auch kann man das Schwingen viel schöner auskosten, wenn man vom Aufstieg her bereits das Gelände kennt, und wenn man über die Schneebeschaffenheit Bescheid weiß. Auch die Zahl der Lawinenunglücke würde sinken, wenn man sich schon beim Aufstieg über die herrschenden Verhältnisse informiert und im Gefahrenfall umkehrt. Mancher fährt von oben in einen immer steiler werdenden Hang, auf halbem Weg erscheint ihm die Sache dann mulmig, aber er ist inzwischen schon viel zu tief, um sich zu einer Rückkehr entschließen zu können. Dann wird eben gewagt — was man bei Skitouren nie tun sollte!

Früher Aufbruch

Der morgendliche Aufbruch — vor allem im Frühjahr — kann nie zu zeitig, wohl aber zu spät erfolgen. Ist man zu früh auf dem Gipfel, dann wartet man eben bis zum Auffirnen. Ist man zu spät dran, lassen sich die Nachteile (verdorbener Schnee, wachsende Lawinengefahr) durch nichts mehr korrigieren.

Nebel und Schneetreiben

Die Fähigkeit, sich auch bei Schlechtwetter mit den Beschreibungen dieses Führers, einer guten (!) Karte, Höhenmesser und Kompaß zurechtzufinden, gehört zu den unbedingt notwendigen Voraussetzungen für den Skitourengeher. Trotzdem sind im Winter und Frühjahr Vernunft und rechtzeitige Umkehr bei Nebel noch viel wichtiger als im Sommer. Zwar läßt sich eine Spur im tiefen Schnee selbst bei kräftigstem Niederschlag noch nach Stunden erkennen — vorausgesetzt, sie verläuft in Tälern und windgeschützten Becken. Ein kräftiger Sturm hingegen kann die Spur in wenigen Minuten völlig auslöschen. Man muß auch damit rechnen, daß sich der Wind dreht oder sich ein sanftes Lüftchen zum regelrechten Sturm auswächst und dadurch vorher geschütztes Gelände plötzlich verblasen ist.

Wird das Aufsteigen ohne Spur im Nebel schon oft problematisch, so kann eine Abfahrt ohne Sicht ausgesprochen tückisch und gefährlich werden. Das diffuse Licht schluckt alle Konturen —

urplötzlich bohren sich die Skier in einen Gegenhang, geht das sanfte Gelände in eine Steilstufe über, fährt man über Wächten und Felskanten hinaus. Völlig unmöglich ist es dann, auch einen Hang auf seine Lawinengefahr hin zu beurteilen.

Lawinengefahr

Der Weiße Tod wird von sehr vielen Skifahrern sträflich unterschätzt. Gegen ihn gibt es nur ein Rezept: alle Hänge wie Gift meiden, die auch nur ein wenig nach Lawinengefahr riechen! Nur so wird man auf die Dauer ungeschoren davonkommen, denn jedes Probieren und Wagen kann sehr schnell tödliche Folgen nach sich ziehen. Die zahlreichen Lawinenunglücke mit Einheimischen, Skilehrern, ja selbst bei Sektionstouren oder gar von Bergführern reden eine deutliche Sprache. Ich selbst gehöre zu den gebrannten Kindern, bin als Neuzehnjähriger mit einem großen Schneebrett in die Tiefe gefahren; selbst über ein Felswandl ging die Talfahrt. Seitdem erfüllt mich großer Respekt vor den Lawinen, und trotzdem habe ich unzählige Gipfel jeder Höhe mit Skiern bestiegen. Man kann also auch dann, wenn man allen gefährlichen Strecken aus dem Weg geht, erfolgreich sein. Niemand sollte dem lebensgefährlichen Trugschluß verfallen, daß ein Piepsgerät in der Tasche gleichsam immun gegen Lawinen macht. Einmal von einer Lawine erfaßt, hat man höchstens noch eine Überlebenschance von 50%. Wer häufiger sein Piepsgerät einschaltet, gehört bestimmt nicht zu den Vorsichtigen, sondern zu den Leichtsinnigen, der in einem Gelände unterwegs ist, das er besser nicht betreten würde.

Eine wirklich sichere Lawinenprognose zu stellen, ist äußerst schwierig, deshalb gilt immer der Leitsatz: **Im Zweifelsfall nie!** Trotzdem gibt es natürlich viele Anhaltspunkte, die zusammengenommen einige Rückschlüsse erlauben.

- Zum Einschätzen der allgemeinen Lage hört man den Lawinenwarndienst (in Deutschland Tel. 089/1 25 95 55, in Tirol Tel. 00 43/05 22/196, in der Schweiz Tel. 00 41/120).

- Für die lokalen Verhältnisse wird man (wirklich kompetente!) Einheimische fragen, wie Gendarmerieposten, Bergführer, Hüttenwirte. Angaben von anderen Skitouristen sind immer mit einer gewissen Vorsicht zu behandeln.

- Das Gehörte wird durch Beobachtungen unterwegs ergänzt. Frisch abgegangene oder auch nur angerissene Lawinen sind eine dringliche Warnung.

Gutes Skifahrenkönnen ist keine ausreichende Voraussetzung für Touren im winterlichen Hochgebirge. Man muß sich unbedingt mit den verschiedenen Gefahren vertraut machen – vor allem der Lawinengefahr –, um sie richtig einzuschätzen. Foto: H. Steinbichler

- Bekanntlich erhöht eine Schwimmschneeschicht in der Schneedecke die Lawinengefahr oft um ein Vielfaches. Schwimmschnee besteht aus groben Schneekristallen ohne Verbindung untereinander, die wie Grieß durch die Finger rieseln. Sie bilden ein regelrechtes Kugellager für die darüber lastenden Schneeschichten. Das Graben eines Schneeprofils quer durch die gesamte Decke bis zum Untergrund ist zweifellos eine ausgezeichnete Sache, doch wird man das in der Praxis kaum durchführen können. Doch gerade Schwimmschneeschichten lassen sich auch anders feststellen: an ganz kurzen aber möglichst steilen Stufen, an Bachböschungen etwa oder an Geländeaufschwüngen von wenigen Metern Höhe, tritt man an der Oberkante den Schnee mit den Skiern sehr kräftig weg. Man spürt dann oft recht deutlich, wie gut die einzelnen Schichten aufeinander haften. Oder man verwendet die Rutschkeil-Methode, die man in einem „Lawinenkurs" erlernen kann. Doch kann man davon — wohlbemerkt — nicht bedenkenlos auf die Gesamtlage schließen, da an derartigen Stellen der Schnee weggeblasen oder auch in besonderen Mengen abgelagert sein kann.

- Auch ein plötzliches „Absaufen" der Skier läßt auf eine bodennahe Schwimmschneeschicht schließen.

- Ab einer Höhe von 30 cm wird Neuschnee lawinengefährlich; je höher dabei der frische Schnee liegt und als je schwerer (feuchter) er sich erweist, desto größer wird die Gefahr.

- Erhöhte Lawinengefahr besteht auch an den Tagen, an denen der Neuschnee erstmals durch Sonneneinstrahlung oder durch einbrechende Warmluft vom kalten in nassen Zustand übergeht.

- Ebenfalls erhöhte Lawinengefahr entsteht bei einer bodennahen Schwimmschneelage an den Tagen, an denen erstmals die gesamte Schneedecke durchweicht.

- Die weitverbreitete Ansicht, Firnschnee sei immer lawinensicher, ist ein Märchen. Nur Harsch erfüllt weitgehend die Voraussetzungen; und der Skifahrer hat dann die Aufgabe, für die Abfahrt den Zeitpunkt herauszufinden, an dem der Harsch oberflächlich so weit aufgefirnt ist, daß er ein schönes Schwingen erlaubt, ohne schon so tiefgründig durchzuweichen, daß die Lawinengefahr wieder wächst. Es kann durchaus vorkommen, daß man das erste Stück einer Strecke noch auf hartem Schnee abfahren muß, um dann etwa den ostgeneigten Steilhang im richtigen Zustand zu erwischen.

● Laue Nächte ohne richtige Abkühlung schaffen oft nur eine ganz dünne Harschdecke, und der Schnee weicht dann am folgenden Tag sehr rasch durch. Bei nicht sehr stabilem Schneedeckenaufbau sollte man an derartigen Frühjahrstagen alle steilen Hänge meiden.

● In den Zeiten des Schneefalls herrschen fast immer westliche Winde, die einen guten Teil der gratnahen Niederschläge von der Westseite in die Ostseite verfrachten und dort in größeren Mengen ablagern. So schaut an den Westseiten der Gipfel und Grate häufig das Gras heraus, während die Ostseiten besonders dick in Schnee gehüllt sind, der dann an den steilen Hängen sehr kopflastig oben in Gratnähe hängt. **Osthänge bergen also ungleich größere Lawinengefahr** als alle anderen Hänge zusammen; etwa zwei Drittel aller Lawinenunglücke geschehen in diesem Gelände.

Hochwinterliche Gletscherfahrten

Trotz der tödlichen Spaltenstürze führen Bergsteiger immer wieder Touren über große, teilweise zerschründete Gletscher in den Hochwintermonaten Dezember, Januar und Februar durch. Die frühwinterlichen Stürme verwehen wohl die sonst klaffenden Spalten vollständig und schaffen makellos weiße Flächen. Doch das ist eine ausgesprochen trügerische Schönheit, denn der um diese Zeit so lockere Schnee hat nur einen geringen Halt ineinander, und der Skifahrer sackt besonders leicht durch die Brücken. Die besten Monate für die Gletscherfahrten sind April und Mai.

Keine zu gefährlichen Abfahrten

Ganz bewußt haben wir auf das Beschreiben allzu gefährlicher Routen verzichtet. Bei der reichen Auswahl an hervorragend schönen Fahrten müssen wir beispielsweise den Ahnungslosen nicht ausgerechnet in das so sehr von Lawinen bestrichene LalidERertal schicken, wie das ein Skibuch macht. Was nützt dem breiten Kreis von Skitouristen zudem die Behandlung von jenen Supersteilhängen, Rinnen und Tobeln (die manchmal mit den schönsten Wedlern verziert sind), wenn diese Touren nur an ein paar Tagen im Jahr die entsprechend sicheren Verhältnisse aufweisen, und sich zudem etwa von München aus die momentane Situation kaum abschätzen läßt.

Steilhang-Fanatismus

Steiler und noch steiler scheint die Devise vieler Tiefschneefahrer zu sein. Bei idealem Schnee (gibt es selten ohne Lawinengefahr!) und echtem Können mag eine jener Superabfahrten schon Spaß machen. Was einem jedoch oft geboten wird, das wirkt wie eine Manie! Beispiel Bschießer: Hochwinter 1980, ein noch schlecht verbackener ziemlich tiefgründiger Schnee, ein strahlender, recht warmer Tag. Drei Skifahrer steigen aus der Scharte zwischen Ponten und Bschießer über den Grat gegen letzteren an, queren dann etwa 50 Hm unter dem Gipfel in die Ostrinne, in die die Sonne hineinprallt. Von dort starten sie zur Abfahrt. Die erste schwingt relativ sauber hinab, doch selbst er hat in dem steilen Gelände stark mit dem seitlichen Abdriften zu kämpfen, zumal ihn kleine Naßschneerutsche immer wieder behindern. Der Zweite stochert schon überaus vorsichtig und ängstlich herum, der Dritte gar wagt überhaupt nur ein Brettln, versucht eine Spitzkehre, fällt hin, rutscht ein gutes Stück ab, kann sich dann wie durch ein Wunder wieder fangen (mit dem Kopf nach unten!). Für was sollte dieser Abstecher gut sein?! Außerdem herrschte — nach meinem Dafürhalten — die akute Gefahr, daß die gesamte obere Schneeschicht von etwa 60 cm als fette Lawine den dreien das Lebenslicht auslöschte.

Ein Psychologe könnte dieses Verhalten wohl erklären; hier muß eine ähnliche Triebfeder am Werke sein, die auch die Kinder zu ihren Mutproben veranlaßt. Und es stachelt wohl auch der eine den anderen auf. Doch etwas mehr Zurückhaltung — und es gäbe ein paar Bergtote weniger im Jahr!

►

Touren über spaltenreiche Gletscher sollte man im Hochwinter unbedingt vermeiden. Die Spalten sind oft nur mit einer trügerischen Decke verschlossen. Doch auch im Frühjahr – wie auf dem Foto – ist allzu große Sorglosigkeit lebensgefährlich, wie die tödlichen Spaltenstürze zeigen.

Foto: J. Winkler

Das „Alpine Notsignal“

Dieses Notsignal sollte jeder Bergsteiger im Kopf haben:

- Innerhalb einer Minute wird **sechsmal** in regelmäßigen Abständen, mit jeweils einer Minute Unterbrechung, ein hörbares (akustisches) Zeichen (Rufen, Pfeifen) oder ein sichtbares (optisches) Signal (Blinken mit Taschenlampe) abgegeben.

  Dies wird solange wiederholt, bis eine Antwort erfolgt.
- Die Rettungsmannschaft antwortet mit **dreimaliger** Zeichengebung in der Minute.

Die abgebildeten Alarmsignale im Gebirge wurden international eingeführt.

Um einen schnellen Rettungseinsatz zu ermöglichen, müssen die Angaben kurz und genau sein.

Man präge sich das „5-W-Schema“ ein:

- **WAS** ist geschehen? (Art des Unfalles, Anzahl der Verletzten)
- **WANN** war das Unglück?
- **WO** passierte der Unfall, wo ist der Verletzte! (Karte, Führer)
- **WER** ist verletzt, wer macht die Meldung? (Personalien)
- **WETTER** im Unfallgebiet? (Sichtweite)

Hubschrauberbergung

Der Einsatz von Rettungshubschraubern ist von den Sichtverhältnissen abhängig.

Für eine Landung ist zu beachten:

- Hindernisse im Radius von 100 m dürfen nicht vorhanden sein.
- Es ist eine horizontale Fläche von etwa 30 × 30 m erforderlich. Mulden sind für eine Landung ungeeignet.
- Gegenstände, die durch den Luftwirbel des anfliegenden Hubschraubers umherfliegen können, sind vom Landeplatz zu entfernen.
- Der anfliegende Hubschrauber wird mit dem Rücken zum Wind von einer Person in „Yes-Stellung“ eingewiesen.
- Dem gelandeten Hubschrauber darf man sich nur von vorne und erst auf Zeichen des Piloten nähern.

INTERNATIONALE ALARMSIGNALE IM GEBIRGE

JA

Rote Rakete oder Feuer

Rotes quadratisches Tuch

WIR BITTEN UM HILFE

NEIN

WIR BRAUCHEN NICHTS

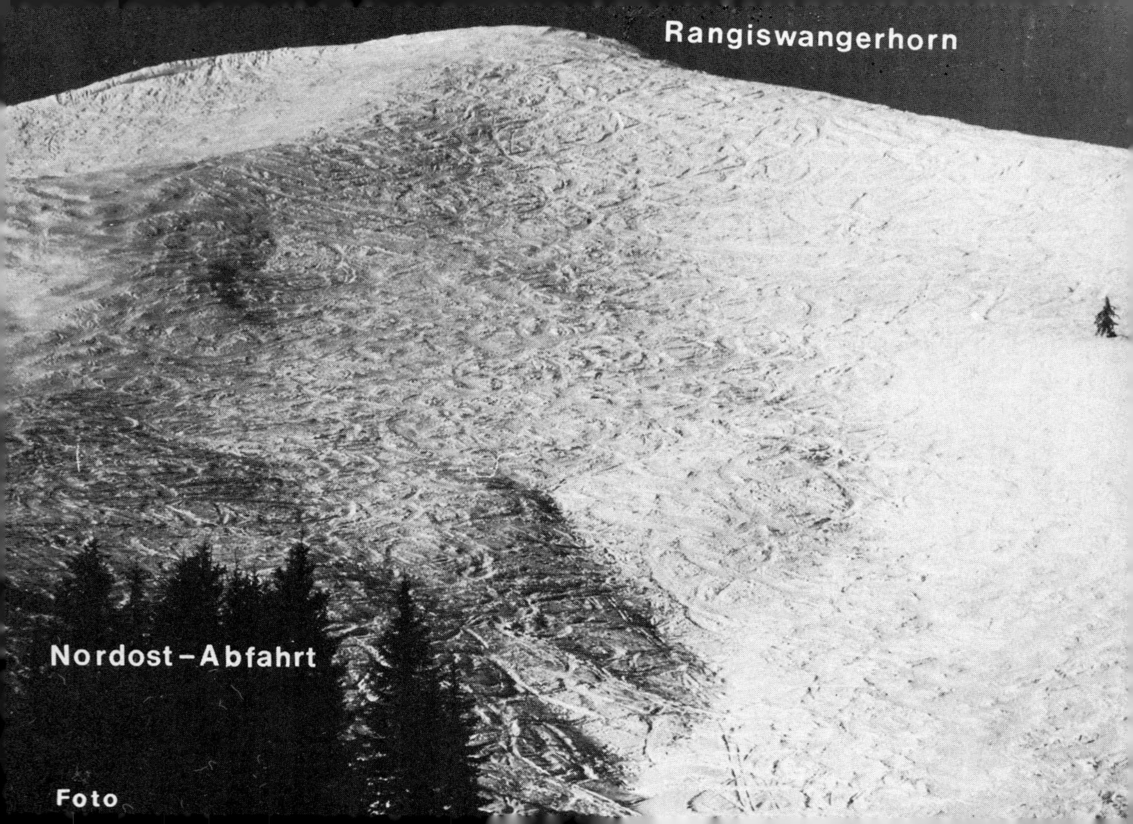
Rangiswangerhorn
Nordost-Abfahrt
Foto

B. Touristischer Teil

1. Allgäuer Alpen

1.1 Allgäuer Voralpen

Sieht man einmal von den Nagelfluhbergen ab, so ist dieses Gebiet nahezu ganz von Wiesen, Weiden und Wald überzogen. Hier finden wir einen guten Teil aller Allgäuer Skiberge, und entsprechend ausführlich sind unsere Beschreibungen auf den nächsten Seiten. Sie enthalten alle wesentlichen Abfahrten. Ein paar zusätzliche Möglichkeiten:

Gündleskopf (1748 m), Südabfahrt zur Hinteren Aualpe interessant und rassig, Firntour, jedoch 4 km Talmarsch von Gunzesried-Säge.

Vorderer Prodel (1470 m), Abfahrt nach Südwesten über Klammalp und Buschgschwend möglich.

Einegundkopf (1643 m), im Gebiet zwischen Einegundkopf und Oberstaufen breiten sich die Liftgebiete immer weiter aus, doch findet man dazwischen manche Alpweide als schöne Tiefschneestrecke.

Koppachstein (1525 m und 1532 m), verschiedene lohnende Möglichkeiten auf der Süd- und der Westseite.

Gratkopf (1670 m, höchster Punkt zwischen Heiden- und Siplingerkopf), rassige Steilrinne nach Westen in die Heidenkopf-Südmulde.

Siplingerkopf (1746 m), von der Siplingeralp sehr rassig und interessant, Blick für das Gelände notwendig; man steigt über die Scharte am westlichen Gipfelfuß an.

Tennenmooskopf (1628 m), Nordostabfahrt zur Rappengschwendalpe, steil.

Wannenkopf (1712 m), mehrere, schöne Abfahrten nach Südosten und Osten.

Besler (1680 m), Zugang von Lochwiesen zum Ostfuß des Gipfels lohnend; Felsaufbau je nach Schnee schwierig.

Wertacher Hörnle (1695 m) von der Straße Wertach-Rettenberg über Fallenberg-Diensthütte und Nordgrat.

Tiefenbachereck (1517 m) und **Roßkopf** (1590 m) von Hindelang oder Tiefenbach über Wiesen, Blößen und durch Waldstreifen, verschiedene Möglichkeiten; bei Pulverschnee schön, jedoch Südseite.

Tourengebiet 1
(Tour 1–9)

RUND UM DEN STUIBEN

Allgäuer Alpen

Die Nagelfluhkette, auch Rindalpen genannt, schließt den westlichen Teil der Allgäuer Alpen als mächtige, mehr als zehn Kilometer breite Mauer gegen das Alpenvorland ab. Es handelt sich um fünf größere Massive, die durch die Nagelfluhfelsen (Konglomerat) ein interessantes und charakteristisches Aussehen erhalten. Vor allem fällt die schräge Schichtung auf. Durch sie sind in das an sich sehr steile Gelände immer wieder Steilmulden — hier Schläuche genannt — eingelagert, die die Möglichkeiten für den Skifahrer ganz erheblich erweitern.

Talorte und Zufahrten: Der Zugang von Nordosten erfolgt von Immenstadt, 728 m, aus, einer lebendigen Kleinstadt am Alpenrand, Verkehrsknoten; Lifte am Mittag und am Gschwenderhorn. Im Süden wird das Gebiet vom Gunzesrieder Tal begrenzt mit dem Zentrum Gunzesried, 889 m; Lifte am Ofterschwangerhorn, Loipen in den Talhintergrund; Zufahrt auf der Bergstraße von Bihlerdorf (manchmal Ketten angenehm), Straße immer bis zur Säge befahrbar, später im Jahr — je nach Schnee — weiter talein, max. bis Scheidewang.

① Stuiben über Almagmach

Dies ist der übliche, am häufigsten durchgeführte Aufstieg zum Stuiben, ein Weg, der sich etwas in die Länge zieht. Als Abfahrt eignet er sich weniger, da er unterhalb der Mittelbergalpe keinen freien Hang mehr bietet. Abfahrten über die Routen 2 und 3 sind lohnender.

Übersicht: Freie und steilere Hänge nur am Gipfelaufbau, unterhalb meist flach, anfangs Alpweiden, später viel Wald mit Straße; Hochwintertour, nur bei extremen Bedingungen lawinös; 3¼ Std., 1020 Hm Abfahrt.

Aufstieg von Immenstadt: Vom südlichen Ortsrand am besten auf der Straße (oder links davon auf dem Fußweg) durch das unterste, scharf eingeschnittene Steigbachtal. Hierher auch mit dem Mittag-Lift zur Zwischenstation und längs der roten Markierungen an den Bäumen (lichter Wald) abwärts zur Hölzkapelle. Auf der Straße meist flach hinein nach Almagmach (privates Ferienheim) und weiter auf dem Fahrweg durch steilen Wald hinauf zu den freien Flächen der Mittelbergalpe. Nach links zur nahem Alphütte, dann flach an drei Kuppen entlang zum steilen Gipfelaufbau. Nun üblicherweise diagonal über den ersten steilen Hang nach rechts an die Geländekante und dann beliebig über die Hänge auf den Gipfel. Man kann auch über den linken Teil des Hanges auf die Nordschulter aufsteigen und dann etwas rechts ausholend den höchsten Punkt erreichen.

Abfahrt auf dieser Route möglich (unschwierig), schöner aber auf ③ oder ②.

②

Stuiben, 1749 m
(vom Gschwenderhorn)

Lohnende Variante zur Route ①, wobei Zwei Drittel der Abfahrt auf der Piste erfolgen. Unschwierige Spritztour.

Übersicht: Schöne Hänge am Gipfel (oft verblasen), nordseitig, dann in leichtem Auf und Ab zum Gschwenderhorn und Piste nach Gschwend; 2 Std., 1000 Hm Abfahrt (mit Gegenanstieg).

Aufstieg: Von Immenstadt nach Gschwend und mit den Liften auf das Gschwenderhorn. Nach Süden durch Wald zum Naturfreundehaus und um den Roten Kopf westlich herum zur Mittelbergalpe. Weiter wie bei ①.

Abfahrt wie Aufstieg.

③

Stuiben, 1749
(Abfahrten über Hintere Krumbachalpe)

Keine ideale, flüssige Abfahrt, da sie von Flachstellen unterbrochen ist, dennoch interessant und abwechslungsreich und ohne Zweifel die schönste Möglichkeit im Bereich des Stuiben.

Übersicht: Mehrere ost- bis nordostseitige kurze Steilhänge, dazwischen ebene Böden, mehrere Möglichkeiten, meist viele Spuren, sonst nicht ganz einfach zu finden. 1020 Hm Abfahrt.

Abfahrten: a) Bei sicherem Schnee. 80 Hm nach Norden hinab auf die deutliche Schulter. Entweder aus der tiefsten Einsattelung (große Wächte etwas unterhalb) oder 100 m weiter nördlich durch einen der drei Stuibenschläuche nach Osten in das Becken hinab, das nordöstlich des Gipfels liegt. Man quert es waagrecht nach

Osten und peilt dabei den Einschnitt an, den die waldigen Buckel vor einem mit dem steilen Massiv rechts bilden. Drüben über einen freien Steilhang hinab in den von Wald eingerahmten Boden der Hinteren Krumbachalpe. Diagonal über den Boden, bis man nördlich der Hütte ist. Hier wenige Meter aufwärts durch Wald auf die nördliche Geländekante. Drüben über eine Minilichtung abwärts, dann nach rechts an die nächste Geländekante. Anfangs etwas nach rechts, dann gerade (sehr steil) über eine schmale Lichtung. Schräg nach rechts zu einigen Hüttchen und dann immer parallel zur Lichtleitung talaus zur Straße.

b) Leichtere Alternative: Von der Nordschulter über den schönen Nordhang zur Alpe Gund. Nach Osten in das Tälchen direkt unter ihr, kurz nach Norden, dann durch einen weiteren, scharfen Taleinschnitt zu den Wiesen der Krumbachalpe, die man am westlichsten Zipfel erreicht. Nun entweder weiter wie oben oder bald nach Überschreiten des Baches links und durch Wald und über Lichtungen Richtung Almagmach.

④ **Steineberg** (von Nordwesten), 1683 m

Von der Hinteren Krumbachalpe (siehe ③) aus bietet der Steineberg einen lohnenden Abstecher (1 Std. Aufstieg, 320 Hm Abfahrt). Man hält sich beim Aufstieg erst links in den schmalen Lichtungen zwischen den Fichten und schwenkt erst nach 25 Min. nach Süden ein. Man sollte sich von der Nordschulter des Stuibens aus eine Route festlegen, da man aus der Nähe die Übersicht verliert. Nur bei sicheren Verhältnissen und hoher Schneelage.

⑤ **Steineberg** (von Südosten), 1683 m

Eine herrliche Firnabfahrt bietet der Steineberg mit seinen fast hindernislosen Hängen und Schneisen nach Osten und Süden. Februar und März — solange der Schnee südseitig noch bis ins Gunzesrieder Tal hinabreicht — sind die idealen Monate. Aufstieg und Abfahrt von bzw. nach Gunzesried bieten ungleich mehr, als die Spritztour vom Mittag aus.

Übersicht: Oben steile Ostmulde, dann fast freie Südhänge, zügig; ausgesprochene Firntour für sichere Verhältnisse; 2½ Std., 790 Hm Abfahrt.

Aufstieg: Von Gunzesried (Kirche, 889 m) genau nach Westen durch ein Tälchen zum obersten Hof (15 Min.). Noch ein paar Minuten nach Westen (hierher auch: von der Kirche noch 1 km auf der Hauptstraße, dann über die Wiesen genau nach Norden; etwas kürzer), dann nach Norden über eine ganz kurze Stufe auf einen langgestreckten Boden. Nach links und über den auffallenden Steilhang empor (Vorsicht!). Wo links der Wald zurückweicht, gleich links an die Kante hinaus (also über den Steilhang nur bis in zwei Drittel Höhe) und nochmals links über einen Graben. Gerade über die schönen Weideflächen zur Dürrehorn- und zur Vorderen Krumbachalpe. Den obersten Talboden in einem weiten Bogen — nur ganz sanft steigend — ausgehen und nach links in den Winkel östlich unter dem Steineberg-Ostgipfel (mit Kreuz). Hierher auch vom Mittag: Immer knapp südlich des Kammes über den Sattel am Bärenkopf und leicht abwärts in den Winkel. Erst gerade über den ziemlich steilen Hang, dann etwas nach links in eine Hochmulde, die knapp südlich des Ostgipfels auf den Grat mündet (siehe Foto). Vom Sattel kurz aufwärts, dann im Bogen unter dem Ostgipfel hindurch zum höheren Westgipfel.

Abfahrt wie Aufstieg.

⑥ **Bärenkopf**, 1463 m

Sind die Verhältnisse für den Gipfelaufbau des Steinebergs zu unsicher, dann wird man dem völlig unbedeutenden Bärenkopf aufs Haupt steigen. Von der Vorderen Krumbachalpe noch 300 m wie bei ⑤, dann durch die sich rechts öffnende Schneise ziemlich steil gerade hinauf zum Bärenkopf. Die Schneise mündet unmittelbar südlich des höchsten Punktes auf die Gipfelfläche (1¾ Std. von Gunzesried, 570 Hm Abfahrt).

⑦ **Sedererstuiben** (von Norden), 1737 m

Dieser kleine Bruder des Stuiben bietet mit seinem kurzen Nordosthang eine sehr schöne Variante bzw. Ergänzung zu den Routen 1 bis 3. Unser Tourenvorschlag: Wie bei ① an die Geländekante nördlich des Stuibens. Nach Süden in den Sattel zwischen beiden Gipfeln und knapp rechts der Kante (links Wächten!) zum höchsten Punkt. Abfahrt über den freien Nordhang auf eine Alm zu. Von ihr weg Gegenanstieg zum Stuiben (25 Min.) oder gleich auf dessen Nordschulter.

⑧ **Sedererstuiben** (von Süden), 1737 m

Die Südseiten von Sederer und Buralpkopf bieten eine ganz rassige Firnabfahrt in das hintere Gunzesriedertal. Es empfiehlt sich, beide

Steineberg –
Ostgipfel
Foto:
D. Seibert
5

Sedererstuiben
Aufstieg
Abfahrt
Foto:
D.Seibert

Berge hintereinander zu besteigen, wobei man — wegen der Ostlage — mit dem Buralpkopf beginnt, von ihm zur Gatteralpe abfährt und dann den Sedererstuiben anhängt.

Übersicht: Hindernislose südwestliche Gipfelhänge, dann sehr steile südseitige Stufe, schließlich 120 Hm Ziehweg im Wald; nur bei sicherem Firn von Ende Februar bis Anfang April; früh aufbrechen; von Vorsäß III in 2½ Std., von Gunzesried-Säge dorthin zu Fuß in 40 Min., 780 Hm Abfahrt.

Aufstieg: Je nach Schneemenge zu Fuß oder mit Pkw von der Säge nach Vorsäß III, 972 m, schlechte Parkmöglichkeit (Vorsäß III ist der letzte Hof im flachen, weiten Talboden). Auf dem beim Haus beginnenden Ziehweg nach Norden, dann ziemlich steil durch dichten Wald zu den Weiden der Vorderen Wieslealp. Bei den letzten Fichten sofort nach rechts um eine Kante in eine Mulde. Sie ermöglicht einen relativ mühelosen Anstieg quer über den gesamten Hang zu seinem westlichen Rand (bis kurz vor den nächsten Graben). Von hier führt der Sommerweg in einer langen Kehre über den hier sehr steilen Hang in den obersten Winkel. Durch eine kurze Schneise auf die freien Hänge oberhalb und weiter bis auf einen kleinen Riegel unmittelbar vor der Gatteralp. Gleich hier nach rechts, zwischen einzelnen Fichten auf dem breiten Rücken zu den sehr schönen Gipfelhängen und weiter zum höchsten Punkt.

Abfahrt wie Aufstieg.

⑨ **Buralpkopf**, 1772 m

Mächtiger Gratkopf zwischen Stuiben und Rindalphorn. Näheres siehe Einleitung zur Route ⑧.

Übersicht: Gipfelhänge hindernislos, aber teilweise steil, südostseitig; Weiteres siehe Route ⑧.

Aufstieg: Wie bei ⑧ auf den Riegel vor der Gatteralp. Links über den Bach und nur schwach steigend nach links quer über einen gewölbten Hang zum nächsten Bach. Hinter ihm über den Hang auf den breiten Südrücken des Gipfels. Auf diesem Dach zum Grat und nach links zum höchsten Punkt.

Abfahrt wie Aufstieg; Abstecher zum Sederer empfehlenswert.

Kemptner Hs.
A. r. Kopf
1481
Mittag A.
Drehberg
1430
Mittagberg
1451
Mittelberg A.
Almagmach
Bärenkopf
1463
Steineberg
1683
Gunzesried
Stuiben
1749
Im Winkel
Sedererstuiben
1737
Buralpkopf
1772
Gunzesrieder
Säge
1
2
3
4
5
6
7
8
9

Tour 10

Vom HOCHGRAT
1833 m
zum STUIBEN
1749 m

Allgäuer Alpen

Diese Sechsgipfeltour ist die klassische Frühjahrsfahrt aller bergerfahrenen Skitouristen des Allgäus. Sechs Steilabfahrten, von den jeweiligen Gegenanstiegen unterbrochen, reihen sich aneinander, kurze, aber rassige und in ihrer Art ziemlich einmalige Strecken. Die Steilheit des Geländes, der grasige Untergrund und die reine Ostlage erfordern sicheren Firn und einen standfesten Fahrer.

Übersicht: Kurze, teilweise steile, nordost- bis südostseitige Mulden und Hänge bei den Abfahrten, steile Südwesthänge für die Anstiege, die im späteren Frühjahr oft schon ausgeapert sind; ausgesprochene Firnfahrt für sichere Verhältnisse, bis in den Mai hinein möglich; 7 bis 8 Std. vom Staufner Haus nach Immenstadt, insgesamt 1900 bis 2200 Hm je nach Schneelage.

Talort und Zufahrt: Oberstaufen, 791 m, und Steibis, 861 m, bekannte Wintersportorte am Alpennordrand im Westallgäu, ausgedehnte Liftgebiete. Zufahrt mit dem Auto von Oberstaufen bis zur Lanzenbachsäge, 826 m, Talstation der Hochgratbahn.

Stützpunkt: Staufner Haus, 1680 m, am Westrücken des Hochgrats, DAV, bew. ab Mitte Dezember, 11 Betten, 79 Lager, Tel. 08386/8255. Zufahrt mit Bergbahn.

Die Tour: Vom Haus über den Grat zum Gipfel des **Hochgrates.** Unmittelbar südlich des Gipfelkreuzes durch eine Steilmulde nach Osten hinab zu einer sichtbaren Hütte (Gütle). Man kann auch die südliche Parallelrinne befahren. Querung unter die Brunnenauscharte und über Wiesen und einen Vorkopf auf das **Rindalphorn** (1822 m). Unmittelbar vor dem höchsten Punkt öffnet sich nach Osten ein deutlich ausgeprägter Schlauch. Durch ihn hinab zur Gündlesscharte und etwas rechts des Grates über die steilen Grashänge auf den **Gündleskopf** (1748 m). Durch einen weiteren Schlauch nach Südosten hinab zu den Weideflächen der Gündlesalp. Über den breiten Rücken oberhalb der Alp im weiten Bogen auf den **Buralpkopf** (1772 m, die letzten 150 Hm kann man sich auch „schenken"). Vom Gipfel auf der Aufstiegsspur gut 100 Hm wieder zurück, dann sich links haltend in ein kleines Tälchen. In 1500 m Höhe Querung nach Osten zur Gatteralpe und am gegenüberliegenden Hang, anfangs zwischen einzelnen Bäumen, hinauf zum **Sedererstuiben** (1737 m, siehe auch Seite 30). Über den Nordhang, die kleine Alphütte links lassend, bis in einen Graben hinunter. Hinüber auf die Schulter im Nordrücken des Stuiben, 100 Hm unter

dem höchsten Punkt (Abstecher von 15 Min.). Abfahrt durch die Stuibenschläuche zur Hinteren Krumbachalpe und weiter nach Immenstadt (siehe Seite 27).

„Fluchtweg“: Muß man die Tour unterwegs abbrechen (wegen Lawinen, Wetter usw.), so fährt man am besten von der Gündlesscharte genau nach Süden hinab in das linke untere Eck der Wiesen. Ab hier folgt man dem Ziehweg, der durch Waldstreifen und über schöne Lichtungen zur Hinteren Aualpe hinabführt (schöne und fast lawinensichere Abfahrt ins Aubachtal und nach Gunzesried).

Tour 11

RINDALPHORN
1822 m

HEIDENKOPF
1685 m

Allgäuer Alpen

Nachdem die Scheidewangalpe im Winter nicht mit dem Auto erreichbar ist, wollen wir die Lifte am Hochgrat für eine wirklich lohnende Dreigipfeltour ausnützen. Wegen der steilen Grashänge sind lawinensichere Verhältnisse jedoch unbedingte Voraussetzung; am günstigsten dürfte Firn im zeitigen Frühjahr sein. Rechnen wir die Piste dazu, dann kommen wir auf stolze 2070 Hm Abfahrt!

Übersicht: Steile, hindernislose Grashänge an allen drei Gipfeln, drei längere Anstiege; nur bei ganz sicherem Schnee und nebelfreiem Wetter; Rundtour etwa 4½ Std., insgesamt 2070 Hm Abfahrt.

Talort, Zufahrt und Stützpunkt (Staufnerhaus) siehe Tour 10.

Zum Rindalphorn: Der Übergang vom Staufnerhaus über den Hochgrat, 1833 m, zum Rindalphorn ist bei Tour 10 beschrieben.

Abfahrt vom Rindalphorn zur Scheidewang: Vom Gipfel zurück zum westlichen Vorkopf. Südöstlich 120 Hm tiefer setzt ein von oben deutlich zu sehender Rücken an. Steil zu ihm hinab und steil auf dem Rücken abwärts bis zu einem Boden in 1550 m Höhe. Jetzt nach rechts über einen schönen Hang zur Unteren Gelchenwangalpe. Nach Westen zum Bach und an ihm entlang auf dem Ziehweg durch das Tälchen über kleine Stufen abwärts. Wo der nun scharf eingeschnittene Bach nach Osten abbiegt, auf dem Ziehweg eben um einen Rücken herum zur Scheidewangalpe.

Aufstieg zum Heidenkopf: Recht steil über den ersten, von einzelnen Bäumen bestandenen Hang, dann sich etwas rechts haltend auf eine Stufe mit Hütte. Schräg nach links auf die folgende Schulter und wieder gerade aufwärts auf einen nördlichen Vorkopf. Auf einer Abdachung unter den Gipfelfelsen nach rechts zum Westgrat. Skidepot. In wenigen Minuten durch eine Rinne zum höchsten Punkt.

Abfahrt wie Aufstieg. (Abfahrt nach Balderschwang — sehr schön! — siehe Tour 12).

Rückkehr zum Hochgrat: Von der Scheidewang wieder auf dem Ziehweg hinauf zum Boden gleich westlich der Unteren Gelchenwangalpe. Nun nach links, über einen steilen Hang auf den breiten Südostrücken des Hochgrates und über ihn zum Gipfelgrat hinauf.

Hochgrat - Ostmulde
(stark verflachende Perspektive!)
Foto:
H. Ther

Tour 12

HEIDENKOPF

1685 m

Allgäuer Alpen

Es handelt sich hier um einen an sich unbedeutenden Gratgipfel im Kamm westlich des Siplingerkopfes, der jedoch auf der Südseite mit bizarren Felstürmen dekoriert ist. Die Abfahrten nach Norden und Süden sind sehr zügig und nahezu hindernislos, um so erstaunlicher ist es, daß sie relativ selten durchgeführt werden. Da die Straße zur Scheidewang im Winter und Frühjahr nicht befahrbar ist, wird hier eine Rundtour von Balderschwang aus beschrieben.

Übersicht zur Südroute: Freie Südhänge, am besten bei Firn im Februar und März (bis April); bei geschickter Routenführung ist die Lawinengefahr nur mäßig; 2 Std., 600 Hm Abfahrt.

Talort und Zufahrt: Balderschwang, 1044 m, kleiner Wintersportplatz im Tal der Bolgenach, das sich in den Bregenzerwald öffnet und deshalb vom Oberallgäu nur über den Riedbergpaß (Ketten, manchmal wegen Lawinen gesperrt) erreichbar ist; Lifte am Gelbhansekopf und Riedbergerhorn, schöne Loipen.

Aufstieg von Balderschwang: Bei der ersten Häusergruppe östlich des Kirchplatzes (400 m entfernt) beginnt die Straße zu den Socheralpen. Am besten immer auf dieser Straße durch das freie Gelände zu den erwähnten Alpen. Auf ihr weiter und dann links hinauf auf einen Absatz mit der Unteren Balderschwangeralpe. 100 Hm gerade aufwärts, dann nach links in die Südmulde des Heidenkopfes. Auf der Mittelrippe bis unter die ganz auffallend rote Wand, die links ein senkrechtes Eck bildet. Auf der Rampe rechts (!) der Wand zum Grat und zu den Gipfelfelsen. Die letzten Meter zu Fuß durch eine Rinne.

Abfahrt wie Aufstieg oder zuerst

Abstecher zur Siplingeralp: Man kann an vielen Stellen über Rippen oder durch Tälchen nach Ostnordost über das stark gegliederte Gelände zu den Almen abfahren, 200 Hm, schöne, freie Strecke. Beim Gegenanstieg hält man sich etwas stärker rechts, umgeht den felsigen Gipfelaufbau des Heidenkopfes knapp nördlich und braucht so die Skier nicht zu tragen.

Beachten Sie auch die Kombinationsmöglichkeiten mit Tour 11!

Hochgrat
Heidenkopf
Siplingeralp
Foto:
H.Ther

Tourengebiet 2 (Tour 13–21)

HÖRNER-GEBIET

Allgäuer Alpen

Flysch ist ein Gestein, das besonders leicht verwittert und damit den Gipfeln zu sanften, runden Formen verhilft. Das Berggebiet zwischen dem Gunzesriedertal und dem Riedbergpaß ist weitgehend aus diesem Gestein aufgebaut. Es ist also bestimmt kein Zufall, daß wir hier das klassische Allgäuer Skigebiet finden. All diese Flyschberge bieten mindestens eine ideale Abfahrt an, manche Strecken sind allerdings sehr kurz. So war es schon von jeher üblich, am gleichen Tag mehrere Ziele aneinander zu hängen. Durch den Bau von drei Liftanlagen ist die Zahl der Touren zusammengeschrumpft, gleichzeitig jedoch steigt die Zahl der Tiefschneefahrer ständig an.

Talorte und Zufahrten: Das Hörnergebiet ist auf drei Seiten von Straßen umgeben. Im Norden ist es das Tal von Gunzesried, 889 m, das den Zugang ermöglicht. Man erreicht den Bauern- und Ferienort von Immenstadt und Sonthofen über Bihlerdorf auf mittelsteiler Straße; schönes Pistengebiet am Allgäuer Berghof und Ofterschwangerhorn. — Im Osten wird das Gebiet von einer gut 100 Hm über dem Illertal liegenden Terrasse begleitet, auf der unter anderem die Ferienorte Ofterschwang, 864 m, mit Liften zum Ofterschwangerhorn, Kierwang und Bolsterlang, 892 m, mit Liftgebiet am Weiherkopf, liegen. Sehr schöne sonnige Langlauf-Loipen. Längs der Südgrenze des Gebietes verläuft die Straße Obermaiselstein-Balderschwang über den Riedbergpaß (1400 m), dort Abzweigung zur Grasgehrenalpe, 1447 m, mit kleinem Liftzirkus; die Straße ist zu Zeiten nur mit Ketten befahrbar.

Stützpunkte: Übernachtungen unterwegs sind nicht notwendig, da sich alle Touren an einem Tag vom Tal aus durchführen lassen. Man kann dennoch einen der vier Stützpunkte ausnützen:

Ostertalhütte, 1070 m, 10 Betten, 40 Matratzen, ganzjährig geöffnet; Zufahrt von Gunzesried mit Pkw; zu Fuß von der Gunzesrieder Säge (Bus) in 30 Min.

Kemptner Skihütte, 1362 m, (Hörnerhaus), 120 Betten, 47 Matratzen, in schöner Lage am Bolsterlangerhorn, Zugang mit Sessellift ab Bolsterlang.

Berghaus Schwaben, 1500 m, keine DAV-Hütte, am Südhang des Großen Ochsenkopfes; Zugang von Bolsterlang mit Liften in den Weiherkopfsattel, dann Querung der Südhänge des Weiherkopfes, 40 Min.

Angerhütte
Ofterschwanger
1406 Horn
Sigiswanger
1527 Horn
Kahlrücken A.
Rangiswanger
1615 Horn
Kierwang
Tennenmoosk.
1628
Ostertalberg
Grafenelpe H
Bleicher H.
1669
Kleiner
Ochsenkopf
1662
Großer
Weiherkopf
1665
Bolsterlang
Hörner Hs.
Bergh.
Schwaben
Dreifahnenk.
1628
Riedberghorn
1786
1
2
3
4
5
6
7
8
9
2

Allgäuer Berghof, 1165 m, Komfortables Berghotel mit Hallenbad, Zugang mit Sesselbahn ab Gunzesried oder auf hoteleigener Mautstraße ab Blaichach/Bihlerdorf.

① **Rangiswangerhorn,** 1615 m
Von Sigiswang

Für meinen persönlichen Geschmack ist die Nordostabfahrt vom Rangiswangerhorn nach Sigiswang schöner als die berühmte Hörnertour mit ihren Gegenanstiegen, zumal dort die Hauptabfahrt auf der Piste erfolgt. Pulver bei hoher Schneelage wäre die ideale Bedingung für diese Strecke.

Übersicht: Ostseitige Alpweiden, mittelsteil und zügig, nur der Gipfelhang ist steiler (hier eventuell Schneebretter möglich), fast immer Spuren; 2¼ Std., 760 Hm Abfahrt.

Aufstieg: Von Sigiswang genau nach Westen über die Bauernwiesen zur Schwinggundalpe. Hier nun immer schräg nach links über kleine Stufen — am Berggasthaus Kahlrückenalpe rechts vorbei — zur Sigiswanger Hornalpe. Noch kurz aufwärts in den Sattel zwischen Sigiswanger- und Rangiswangerhorn. Von hier überblickt man den sehr schönen, aber steilen Nordosthang. Über ihn gerade zum Gipfel.

Abfahrt wie Aufstieg.

Rundtour über das Ofterschwangerhorn. Wer sich weniger Mühe machen will (man spart jedoch nur wenig Zeit), der kann statt eines Aufstieges von Sigiswang mit den Liften von Ofterschwang zum gleichnamigen Horn, 1405 m, fahren. Drüben 70 Hm hinab, dann über die schönen Hänge gerade empor zum Waldrand unter dem Gipfel des **Sigiswangerhorns,** 1527 m. Links unter dessen Gipfel hindurch und durch eine Schneise in den unter ① erwähnten Sattel. Weiter wie dort. Anschließend über die Abfahrt Richtung Sigiswang hinab. 100 Hm über dem Tal auf den Wiesen nur noch leicht abfahrend nach Norden, um wieder zur Lifttalstation in Ofterschwang zu kommen.

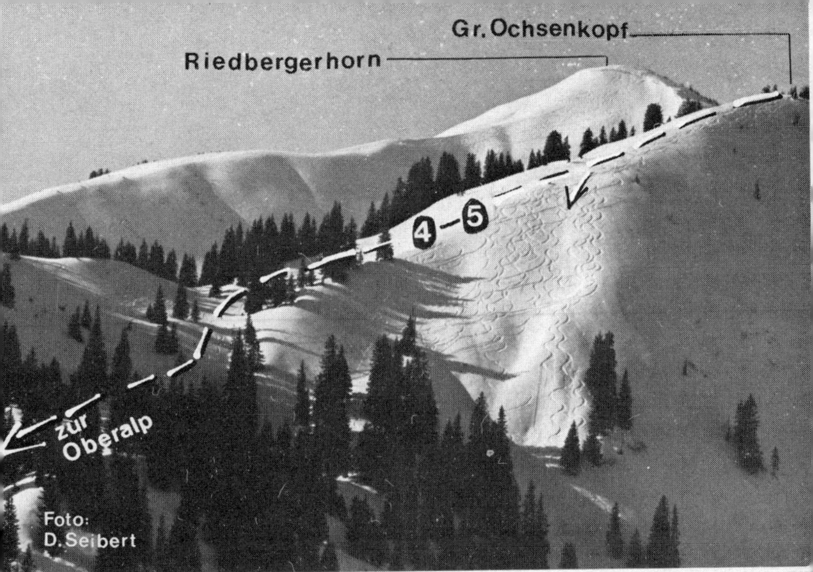
Gr. Ochsenkopf
Riedbergerhorn
4–5
zur Oberalp
Foto: D. Seibert

Rangiswangerhorn
Ofterschwang
Gasth. Kahlrückenalpe
Foto: D. Seibert
Sigiswang

② Weiherkopf, 1665 m, Rangiswangerhorn, 1615 m, Sigiswangerhorn, 1527 m (Kleine Hörnertour)

Diese berühmte Skifahrt ist so beliebt, daß sie oft zur Piste ausgefahren ist. Da man zum höchsten Punkt der Tour, dem Weiherkopf, mit dem Lift fahren kann, bleiben nur drei Kurzanstiege von je etwa 15 Minuten. So ist auch die Mitnahme von Fellen meist nicht mehr üblich.

Übersicht: Drei kurze nord- bis nordostseitige Abfahrten über schöne, meist kräftig geneigte Hänge, dann Weiterfahrt auf der Piste nach Ofterschwang; drei Gegenanstiege von je etwa 15 Min.; sehr beliebt und deshalb oft stark ausgefahren; Schneebrettgefahr eventuell am Rangiswangerhorn; Abfahrt insgesamt etwa 1000 Hm.

Kleine Hörnertour: Von Bolsterlang mit den Liften bis auf den Gipfel des Weiherkopfes. Am Grat entlang hinab in den Sattel vor dem Rangiswangerhorn, das letzte schmale Stück umgeht man besser rechts, dann über den fast immer verblasenen Grat auf den Gipfel des Rangiswangerhorns. Über den ziemlich steilen Nordosthang in den Sattel vor dem Sigiswangerhorn. Eine breite Schneise zieht gegen diesen Gipfel hinauf. Die allerobersten Meter umgeht man östlich im Wald. Dann über den sehr schönen, im unteren Teil steilen Nordhang hinab zur Fahnengernalpe im folgenden Sattel. Entweder in gut 10 Min. auf das Ofterschwangerhorn hinauf oder rechts um es herum. Dann auf der Piste nach Ofterschwang hinab. Das 5 km entfernte Bolsterlang erreicht man mit Bus oder per Anhalter oder auf der die Kreisstraße ostwärts begleitenden, landschaftlich schönen Langlaufloipe, die mit Tourenski befahren werden darf.

③ Rangiswangerhorn, 1615 m, von der Ostertalhütte

Eine nette, sehr lohnende Spritztour. Wegen der geschützten Nordlage trifft man häufig schönen Pulverschnee an. Diese Abfahrt läßt sich mit der Besteigung des Ochsenkopfes auf Route ⑤ verbinden.

Übersicht: Rein nordseitige Hänge und Lichtungen, im Gipfelbereich steil, dort nicht lawinensicher; ausgesprochene Hochwintertour; 1¾ Std., 620 Hm Abfahrt.

Aufstieg: Vom Parkplatz unter der Ostertalhütte (von Gunzesried auf kleiner Straße bis hier mit Pkw) auf der Straße 250 m zurück und rechts hinauf zur Angerhütte. Immer auf dem im oberen Teil ausgeprägten Rücken bleibend über Lichtungen an den Steilaufschwung des Rangiswangerhorns heran. Ein Stück noch gerade empor, dann nach links in die steilen Hänge und von dort gerade zum Gipfel.

Abfahrt wie Aufstieg.

④ **Großer Ochsenkopf,** 1662 m, im Zuge der Hörnertour

Dieser nette Skiberg liegt etwas zurück und bietet damit keine wirklich zügige Abfahrt direkt ins Tal. Sehr lohnend aber läßt er sich mit anderen Gipfeln, vor allem mit dem Rangiswangerhorn, verbinden. Auch beim Zugang von den Weiherkopfliften zum Riedbergerhorn läßt sich dieser Berg leicht überschreiten — das bringt jedoch keine ergiebige Zusatzabfahrt. Von den verschiedenen Möglichkeiten seien hier zwei Rundtouren herausgepickt.

Übersicht: Zusätzlich zu den Angaben von ②: eine schöne nordostseitige Abfahrt über fast freie Hänge und ein Gegenanstieg von 30 Min.; hier keine zusätzliche Lawinengefahr; vom Lift zum Gipfel knapp 1 Std., Abfahrt insgesamt etwa 1000 Hm.

Erweiterung der Kleinen Hörnertour: Mit den Liften in den Weiherkopfsattel links des Weiherkopfes. Auf dem meist ausgetretenen Weg horizontal durch die teilweise steilen Hänge unter dem Weiherkopf südlich hindurch bis unter die Scharte zwischen ihm und dem Ochsenkopf. Über eine kurze Wiese auf den Grat und zwischen Bäumen flach, dann in freiem Gelände wieder steiler zum Gipfel.

Über die ersten Hänge auf dem Anstiegsweg zurück. Wo der waagrechte Gratteil beginnt, links abbiegen und nun leicht abwärts schräg nach vorne. Nach 100 m Entfernung erreicht man eine schöne Mulde, die hindernislos zur Oberalpe hinabzieht. Anfangs ganz flach hinüber zum Wald, dann immer schräg nach links über teilweise steilere Blößen hinauf zur Rangiswanger Alpe und in den Sattel am Südfuß des Rangiswangerhorns. Weiter wie bei ②.

⑤ **Großer Ochsenkopf,** 1662 m, von der Ostertalhütte

Eine gemütliche Skifahrt, die sich bei fast allen Verhältnissen gut durchführen läßt, denn bei geschickter Routenlegung kann man alle Lawinengefahr vermeiden. Hochwinterlicher Pulverschnee bietet die idealen Verhältnisse.

Übersicht: Nord- bis westseitige Weide, teilweise relativ flach, eine Skitour ohne Probleme; 2¼ Std., 670 Hm Abfahrt.

Aufstieg: Wie bei ③ zur Angerhütte. Noch 50 Hm aufwärts, dann auf dem Ziehweg nach rechts, der leicht steigend die Hänge zur Holzschlagalpe quert. In der gleichen Richtung weiter immer zwischen dem Wald links oben und dem Bacheinschnitt rechts unten bleibend bis in den hintersten Winkel der Wiesen. Durch einen kurzen Waldstreifen und über Weidegelände zur Oberalpe. Von hier führt eine ausgeprägte Mulde schräg nach rechts durch die Hänge zum Grat. Über den breiten Rücken zum Gipfel.

Abfahrt wie Aufstieg.

⑥ **Riedbergerhorn,** 1786 m, im Zuge der Hörnertour

Seit dem Bau der Liftanlagen im Südosten (Grasgehren) und im Westen des Berges hat der höchste Gipfel des Hörnergebietes viel von seinem Ruf als Skitourenziel eingebüßt. Nur die Nordseite blieb frei von technischen Anlagen. Zu den Grundsätzen dieses Führers gehört, daß Start und Ziel möglichst nahe beieinander liegen sollen. So haben wir hier auch keine Tour aufgenommen mit Bolsterlang als Ausgangsort und dem Gunzesrieder Tal als Ziel. Der Rückweg zum Auto wäre allzu kompliziert. Deshalb empfehlen wir hier zwei Rundtouren und nicht die Große Hörnertour.

Übersicht: Kurzer, ziemlich steiler Hang nach Nordost; nur bei sicherem Schnee; vom Lift 1½ Std., zusätzliche Abfahrt 260 Hm (insgesamt mit Ochsenkopf und Rangiswangerhorn etwa 1250 Hm).

Höllritzereck
Bleicherhorn
8
Ostertal
Foto:
D.Seibert

Grauenstein
(Abfahrten zur Prinscheralp)
Foto
D.Seibert

Aufstieg: Wie bei ④ bis unter die Scharte zwischen Weiherkopf und Ochsenkopf. Auf dem Weg weiter in den Hängen zum nahen Schwabenhaus. Weitere, nahezu ebene Querung in den Talhintergrund. Hier im rechten Teil der Hänge über eine 100 m hohe Stufe in den Boden unmittelbar unter dem Gipfel des Riedbergerhornes. Jetzt scharf nach links und durch den sehr steilen Hang schräg hinaus auf den Ostrücken. Über ihn zum Gipfel.

Abfahrt: Je nach Schneeverhältnissen entweder direkt über den freien, steilen Nordosthang in den erwähnten Boden oder dorthin wie beim Aufstieg. Richtung Schwabenhaus weiter, bis man links leicht über die von einzelnen Bäumen bestandenen Hänge zum Ochsenkopf aufsteigen kann (Gegenanstieg 25 Min.). Weiter wie bei ④ und ②.

⑦ **Riedbergerhorn**, 1786 m, über die Prinscheralp

Die Nordhänge unter Riedbergerhorn und Grauenstein hinab ins hinterste Ostertal bieten wohl die schönste Strecke im ganzen Hörnergebiet. Die Freude daran wird jedoch durch einen Drei-Kilometer-Marsch im fast ebenen Tal gedämpft. Da auch das Riedbergerhorn keine volle Tagestour ist, kann man es gut mit den Nachbarbergen verbinden. Zwei Vorschläge: Entweder von der Ostertalhütte wie bei ⑤ auf den Großen Ochsenkopf, nach Süden hinab zu Route ⑥ und auf das Riedbergerhorn. Abfahrt über die Prinscheralp. Oder durchs Ostertal aufs Riedbergerhorn und Abfahrt zurück in den Talschluß. Nun über die Höllritze aufs Bleicherhorn und Abfahrt über den Ostertalberg.

Übersicht: Oben steile Nordhänge, dann ideales Weidegelände, unten fast ebener Talboden; nur bei sicheren Verhältnissen; 3 Std., 800 Hm Abfahrt.

Aufstieg: Vom Parkplatz im Ostertal auf der Straße flach talein zum Grafenelpehaus (1102 m). Auf dem breiten Rücken zwischen den Bächen in den Bereich der Prinscheralp (die Hütte bleibt links liegen). In Höhe der Alp nun nach rechts und über die steilen Hänge in den Sattel zwischen Dreifahnenkopf und Grauenstein, die etwaige Wächte am besten links lassend. Über den zuweilen unangenehm verblasenen Rücken auf den Gipfel.

Abfahrt: Entweder wie beim Aufstieg. Bei gutem Schnee wird man jedoch den Grat höher oben verlassen, etwa im Sattel zwischen

Grauenstein und Riedbergerhorn (auf die Wächte achten!), oder gar unmittelbar unter Riedbergerhorn-Nordgipfel in den sehr steilen Nordhang einfahren.

⑧ **Bleicherhorn,** 1669 m, **Höllritzereck,** 1669 m

Der sanfteste und gemütlichste Skiberg im gesamten Allgäu. Die weiten, nur teilweise bewaldeten Hänge lassen eine Fülle von Varianten bei der Abfahrt zu. So kann man zum Beispiel den Ostertalberg überschreiten (kleiner Gegenanstieg) und von ihm nach rechts, über den Kamm oder links unterhalb ins Ostertal bzw. zur Säge abfahren.

Übersicht: Weite, nordseitige Wiesenböden, teilweise flach, ohne alle Schwierigkeiten; bei richtiger Route keine Lawinengefahr; 2¾ Std., 720 Hm Abfahrt.

Aufstieg: Von Gunzesried über die Säge bis Vorsäß I (auf der Talstraße — Maut — eventuell mit Pkw). Von der Hütte dann noch ein paar Minuten talein. Nun links über den schönen Hang, wobei man allerdings zweimal die Straße überqueren muß. Man kommt auf eine Schulter. Von ihr ganz flach hinein zur Rappengschwendalpe (1250 m). (Sogar bis kurz vor diese Alp kann man eventuell mit dem Auto fahren, Ketten notwendig.) Weiterhin wenig steigend in einem Bogen zum Wald und auf einem Ziehweg durch welliges Gelände zur Unteren Wilhelminealp (1354 m). Gleich noch über den nächsten Bacheinschnitt, dann beliebig über die schönen Hänge in den weiten Sattel zwischen Bleicherhorn (rechts) und dem gleichhohen Höllritzereck (links).

Abfahrt wie Aufstieg.

⑨ **Tennenmooskopf,** 1628 m

Nur für die Vollständigkeit sei hier auch dieser Gipfel erwähnt. Seine Abfahrt zur Unteren Wilhelminealpe ist nicht so lohnend wie die anderen Touren in diesem Gebiet. Die Abfahrten nach Norden und Osten überläßt man besser den Steilhangspezialisten und Gebietskundigen. Von der Unteren Wilhelminealp folgt man dem Sommerweg schräg durch die Südosthänge (nur bei sicherem Schnee!) zu einer Schulter im Südrücken. Nach Norden zum höchsten Punkt. 1 Std. von der Alm.

Tour 22

SPIESER
1649 m

JOCH-SCHROFEN
1625 m

Allgäuer Alpen

Diese beiden unmittelbar nebeneinander stehenden Gipfel bieten drei sehr lohnende, ganz kurze Firnfahrten. Man kann diese Berge durchaus beide an einem Tag ersteigen. Man sollte diese Fahrten jedoch spätestens im März durchführen, damit der Schnee noch bis zu den Ausgangspunkten hinabreicht. Zwei Routen sind nahezu baumfrei, bei der dritten überwindet eine breite Straße die kurze Waldpassage.

Übersicht zur Spieser-Südroute: Südseitige Wiesen, kurzer Waldgürtel mit Straße, bei Firn nur mäßig lawinengefährdet; 2 Std., 630 Hm Abfahrt.

Talort und Zufahrt: Oberjoch, 1113 m, bekannter Wintersportort mit großem Liftsystem am Iseler und schönen Langlaufrouten hinüber ins Tannheimer Tal und nach Unterjoch. Zufahrt von Norden über Wertach einfach, von Westen über Hindelang auf kurvenreicher Paßstraße.

Aufstieg zum Spieser von Süden: Auf der Oberjochstraße bis zur Abzweigung des Sträßchens zur Hirschalpe (1020 m, Schild, beschränkte Parkmöglichkeit). Nun am bequemsten immer auf dem Sträßchen in die rechte, obere Ecke der Wiesen und noch etwa 100 Hm im Wald weiter bis zur Verzweigung der Straße. Hier nun

Foto: D. Seibert

links (Schild 'Hirschberg') über einen scharf eingeschnittenen Graben und zum Rücken gleich dahinter. Über die Böschung zu einer mächtigen Buche hinaufklettern. Dann auf einem freien Rücken immer gerade aufwärts (nicht nach links!) bis zum Wald. Nach links auf eine Schulter. Hier hat man nun den Gipfel vor sich. Über den schönen, steilen Hang in den Einschnitt zwischen Spieser und dem Punkt 1643 m (Oberer Hirschberg) und nach links über den Grat zum Kreuz.

Abfahrt wie Aufstieg.

Aufstieg zum Spieser von Norden: Kurzer Ausflug vom Liftgebiet (1 Std.), bei Pulverschnee lohnend, Vorsicht vor Schneebrettern; 600 Hm Abfahrt. Ausgangsort Unterjoch siehe Tour 23. Mit dem Lift zur Bergstation, Querung zwischen Bäumen durch steiles Gelände in das Tälchen unter dem Jochschrofen. Links oberhalb des Baches in den abschließenden Sattel und nach Westen auf dem Grat (unter dem Oberen Hirschberg südlich hindurch) zum Gipfel. Abfahrt wie Aufstieg.

Von Oberjoch auf den Jochschrofen: Sehr schön bei lawinensicherem Firn, steil, nahezu waldfrei, südostseitig, 1½ Std., 500 Hm Abfahrt. Beim Hotel Schweiger schräg nach links durch die Waldstufe auf den auffallenden Stockhang. Über ihn sehr steil, dann etwas flacher über freie Flächen zum Gipfel. Abfahrt wie Aufstieg.

Tour 23
WERTACHER HÖRNLE
1695 m
Allgäuer Alpen

Zwischen dem Starzlachtal und dem Skiort Unterjoch erhebt sich ein mächtiger, stark von Wald überzogener Bergrücken, der im Wertacher Hörnle gipfelt. Die Abfahrt von diesem Gipfel nach Südosten ist eine ideale Tour für den Hochwinter, die man auch noch dann durchführen kann, wenn für viele andere Unternehmungen die Verhältnisse zu schlecht sind. Der Aufstieg ist nämlich verhältnismäßig leicht zu finden, und die Lawinengefahr hält sich in Grenzen.

Übersicht: Typischer Voralpenberg mit einer Folge hindernisloser Wiesen, die nur von einem ganz kurzen Waldstreifen unterbrochen sind, südostseitig, im unteren Teil zeitweise verblasen; 2 Std., 650 Hm Abfahrt.

Talort und Zufahrt: Unterjoch, 1013 m, am Fuß des Sorgschrofens, kleiner Ferien- und Wintersportort mit einem größeren Lift am Jochschrofen, schöne Langlaufmöglichkeiten Richtung Schattwald (Tannheimer Tal). Zufahrt aus dem Allgäu über Wertach auf guter Straße. Die Tour beginnt in Obergschwend, 1045 m, an der Straße Richtung Oberjoch.

Aufstieg: Vom Liftparkplatz über die Straße und genau nach Westen auf die freien Wiesen am Fuß des Wertacher Hörnles zu. Um einen kleinen Kopf rechts herum und über die völlig freien Flächen — an einer Alpe vorbei — beliebig aufwärts zum abschließenden Waldrand. Hier entweder auf einem Ziehweg nach rechts quer über einen Schlag nur wenig aufwärts, bis man auf die nächste Lichtung trifft. Gerade hinauf zu einer Forststraße. Oder hierher: Vom Waldrand nach links, auf einer Rampe wenige Meter zwischen alten Fichten hindurch. Dann nach rechts zwischen Bäumen zu einer Minilichtung und gerade auf die Forststraße hinauf. Nun am besten auf einem wenig ausgeprägten Rücken zwischen einzelstehenden Bäumen (wächst mit der Zeit verstärkt zu) gerade aufwärts zu den freien Hängen oberhalb und über den breiten Rücken auf den aus drei selbständigen Köpfen gebildeten Gipfelgrat.

Abfahrt: Wie Aufstieg. Im bewaldeten Teil des Rückens kann man nach links in freie, aber sehr steile Hänge ausweichen (nicht tiefer als die querlaufende Forststraße!).

Wertacher Hörnle
(Gipfel nicht sichtbar)
Foto:
D.Seibert

Tour 24

REUTER WANNE
1541 m

PFEIFFERBERG
1458 m

Allgäuer Alpen

Diesmal wollen wir Ihnen keine genaue Tour vorkauen, sondern ein paar Anregungen geben für ein Voralpengelände, das bunt zusammengesetzt ist aus Wiesen, Wäldern, Lichtungen und Alpweiden. Wer die Augen öffnet, der findet die verschiedensten Möglichkeiten, doch wer sich ungeschickt anstellt, wird rasch hier in einem dichten Wald, dort in einem Bachtobel stecken bleiben. Dann kehrt man eben um und sucht sich eine bessere Möglichkeit.

Talort und Zufahrt: Jungholz, 1058 m, ein langgestreckter Wintersportort, eine Tiroler Enklave im bayerischen Gebiet; Lifte unter dem Sorgschrofen; auf guter Straße von Wertach zu erreichen (eventuell Ketten angenehm).

Schnellster Aufstieg zur Reuter Wanne: 1 ¾ Std., im Gipfelbereich nicht ganz lawinensicher.

Von den hintersten Häusern in Jungholz-Gießenschwand gerade über die Wiese zu einem nahen Rücken (mit Wochenendhaus). Gleich hinter einem Antennenmast über den Bach. Sich ganz links haltend über das freie Gelände zur linken, unteren Ecke einer Schonung. Hier beginnt eine gelbe Markierung an den Bäumen. Ihr nach, erst zwischen Bach und Schonung (eng), dann über den Bach nach links und quer durch den Wald zu einem Straßenende. Durch den Hochwald hinauf, sich etwas links haltend, zu den Wiesen unter dem Gipfel. In der Mitte des sehr schönen, freien Geländes steil zum höchsten Punkt mit Kreuz und Buch.

Schönste Abfahrt: Über den Gipfelhang wieder hinab. An seinem Ende wendet man sich nach links und ersteigt über einen steilen Stockhang den **Pfeifferberg** (Gegenanstieg 15 Min.). Nach Süden zur Hochwaldkante und an ihr entlang rechts hinab. Über schöne Weideflächen schräg nach Süden in den hintersten Winkel, der ganz von Wald eingeschlossen ist. Etwa in der Mitte des südlichen Waldsaums beginnt ein Weg (rote Markierung). Auf seiner ganz engen Schneise hinab zur nächsten Lichtung. Etwas nach links zwischen ein paar Bäumen hindurch, dann freie Hänge ins Tal.

Andere Möglichkeiten: Aufstieg oder Abfahrt über das Berghaus Toni, 2½ Std. Oder Besteigung des Pfeifferbergs über die Stubentalalpe, schöner Osthang! Oder Übergang zum Edelsberg (erst westlich, dann südlich des Gratrückens).

Reuter Wanne
zum Pfeifersberg
Foto D.Seibert

1.2 Rund um das Kleinwalsertal

In dem hier zusammengefaßten Gebiet wartet — außer den beschriebenen Touren — noch eine ganze Reihe von interessanten Skizielen auf den erfahrenen Tourengeher. Sie haben jedoch alle eines gemeinsam: die große Gefährdung durch Lawinen. Weiche Gesteinsformationen ließen die berühmt-berüchtigten Allgäuer Grasberge entstehen mit ihren völlig glatten, oft supersteilen Hängen und den wild eingeschnittenen Tobeln. Man sollte deshalb hier seine Unternehmungen wirklich auf die sichere Firnzeit im Frühjahr beschränken.

Zusätzliche Möglichkeiten:

Hoher Ifen, 2230 m. Bei allerbesten Verhältnissen: Abfahrt nach Süden durch die Bresche in der Felsmauer, grandiose Firnfahrt über 900 Hm.

Grünhorn, 2039 m, von Baad über Starzelalpe lohnend, siehe auch Seite 64.

Litzescharte, 1880 m, zwischen den Ochsenhoferköpfen, sehr schöne Nordhänge, Zugang eventuell von der Walmendingerhornbahn.

Güntlespitze, 2092 m. Durchs Derrental und über die Osthänge, sehr lohnend, aber auch sehr lawinös.

Höferberg, 2131 m, von Baad durch das Bärgundtal, Gipfelhang steil und lawinös.

Geißhorn, 2366 m. Großartige 1000 m-Abfahrt nach Süden und Osten, sehr steil, sehr langer Talmarsch nach Einödsbach und hinaus ins Oberstdorfer Gebiet.

Schüsser, 2170 m (bei den Walsern: Hammerspitze), Abfahrt über Wannenalpe ins Wildenbachtal nur bei bestem Firn.

Kuhgehrenspitze, 1910 m, Abfahrt steil und schön über Außerkuhgehrenalpe und Brandalpe; Zugang auch von der Kanzelwandpiste möglich.

Saubuckelkopf, 2215 m. Vom Fiderepaß — dorthin aus dem Warmatsgund über die Kühgundalpe — über die sehr steilen Hänge auf die Südwestgratschulter (Fiderescharte) und in leichter Kletterei (I+) zum Gipfel.

Roßgundscharte, 2006 m, zwischen Roßgundkopf und Saubuckelkopf, vom Warmatsgund zur Kühgundalpe und durch eine Steilmulde, weiter durch eine Mulde bis 150 Hm über die Scharte.

Alpgundkopf, 2176 m, aus dem Warmatsgund (Zufahrt mit Fellhornbahnen) über die sehr steilen, lawinösen Nordhänge, Gipfelaufbau zu Fuß.

Tour 25

MAHDTAL GOTTESACKERWÄNDE

2033 m und 1858 m

Allgäuer Alpen

Vom rein Skifahrerischen bietet die Mahdtal-Abfahrt weniger als der bekannte Name erwarten läßt. Doch landschaftlich hat die Fahrt ihren ganz besonderen Reiz, deshalb kann sie durchaus auch im Aufstieg empfohlen werden, zumal dann die komplizierte Rückkehr zum Auto wegfällt. Bei hoher Schneelage sehr empfehlenswert: Toreck von Osten.

Talort und Zufahrt: Riezlern und Schwarzwassertal siehe Seite 60. Von Riezlern (Kirche) schmale, steile Straße (Ketten) nach Innerschwende und zum **Mahdtalhaus** (1050 m, DAV, ganzjährig bew., Tel. 0 83 29 / 53 30).

Mahdtalabfahrt: Von einem Hang abgesehen, flach; nicht bei Schneebrettgefahr; am schönsten bei Pulverschnee; Zeitaufwand mindestens 3 Std., 1100 Hm Abfahrt.

Mit dem Ifenbus von Unterseite (Riezlern) zur Auenhütte und mit den Liften aufs Hahnenköpfle. Über das flache, wellige Plateau nach Norden hinab (nicht bei Nebel!), dann 200 Hm Gegenanstieg in die „Scharte". Drüben steil hinab, dann nach rechts in den Boden, durch eine Lücke und am Hang entlang zu den Schildern am Windecksattel. Wegen der Wächte gleich von den Schildern nach rechts und steil ins Mahdtal. Durch das meist flache Tal hinaus bis zu dem freien, ebenen Boden in 1180 m Höhe. Von hier eben stark nach rechts (Skimarkierungen), über den Bach und eben zu den ersten Wiesen. Hinab zum Mahdtalhaus und weiter zum Bach (Steg). Mit dem Lift hinauf nach Egg und hinüber nach Unterseite.

Untere Gottesackerwände, 1858 m. Lohnende, leichte Fahrt, auch bei mäßigen Verhältnissen durchführbar; hohe Schneelage wichtig; 2½ Std. ab Mahdtalhaus, 810 Hm Abfahrt.

Vom Haus die wenigen Meter auf der Straße hinauf, bis sich diese nach rechts über die Brücke wendet. Über sich hat man nun einen freien Wiesenhang, der sich schräg nach hinten zieht. Über diesen Hang in die rechte, hintere Ecke. Waagrecht durch Wald zum Mahdtalbach und noch soweit nach rechts, bis man im freien Talboden ist. Durch das nur leicht bewaldete Tal aufwärts — am berühmten, 96 m tiefen Hölloch vorbei — bis in den allerobersten Boden am Fuß des Windecksattels. Nun nach Norden abbiegen und durch eine schöne Mulde zum Hauptgrat. Nach links zum Gipfel mit trigonometrischem Zeichen.

Obere Gottesackerwände, 2033 m. Empfehlenswerter Abstecher bei der Mahdtalabfahrt, 15 Min. Von der „Scharte" etwas links des Grates mit Ski aufwärts. Die letzten Meter über die nun schmale Schneide zu Fuß. Aufstieg vom Mahdtalhaus (3 Std.): Wie bei den Unteren Gottesackerwänden unter den Windecksattel. Über den linken Hang zu den Schildern oberhalb der Einsattelung. Drüben schräg am Hang aufwärts in eine auffallende Lücke. Es folgt ein kleiner Boden, dann über den Steilhang in die „Scharte".

Toreck (2016 m, Ostgipfel der Oberen Gottesackerwände). Interessante, zügige Firntour, ost- bis nordseitig, hohe Schneelage wichtig; nur bei sicherem Schnee; von oben für Gebietsfremde kaum zu finden; 2¾ Std., 970 Hm Abfahrt.

Vom Mahdtalhaus wie oben ins Mahdtal und in ihm bis in eine Höhe von 1350 m. Hier kommt von links vorne eine ganz auffallende, breite, gewellte Schneise herab. An ihrem rechten Rand steil aufwärts bis an den Bergfuß. Nach rechts über eine deutliche Rampe unter einem runden Felsen weiter steil aufwärts. Sobald sich links die Hänge zurücklegen nach Süden auf den Ostrücken. In dem weiten, sehr stark gegliederten Gelände (Karst) nach Westen aufwärts zum Gipfel.

Tourengebiet 3
(Tour 26–30)

SCHWARZ-WASSERTAL

Allgäuer Alpen

Seit Inbetriebnahme der Ifenlifte ist das Schwarzwassertal zu einem der besuchtesten Winkel der gesamten Allgäuer Alpen geworden. Bis zur Auenhütte kann man mit dem Auto fahren, dann führt ein geräumter Weg talein bis zur Melköde, der von den Winterspaziergängern sehr geschätzt wird. Erst dahinter wird das Tal ruhiger, sind nur noch — die ziemlich zahlreichen — Tourengeher unterwegs. Die Schwarzwasserhütte ist ein schöner, zentral gelegener Stützpunkt mit ein paar fast hindernislosen, aber kurzen Touren. Da die Gipfel zu den Allgäuer Grasbergen gehören, sollte man die Lawinengefahr nicht unterschätzen.

Talort und Zufahrt: Riezlern, 1088 m, der erste und wohl bekannteste der Ski- und Ferienorte des Kleinwalsertales mit zwei großen Liftgebieten (Kanzelwand, Ifenmulde). Zufahrt auf sehr guter Straße aus dem Illertal.

Die Straße des Kleinwalsertales überschreitet unmittelbar nach dem Ort Riezlern die Breitach. Hier zweigt die wesentlich kleinere Straße ins Schwarzwassertal ab, die man bis zur Auenhütte (1261 m, Ifenlifte) befahren kann, bei ungünstigem Schnee sind Ketten notwendig.

Zugang zur Schwarzwasserhütte. Auf der Höhe der Lift-Talstation beginnt der Fußweg ins Schwarzwassertal. Er überwindet eine kleine Kuppe und führt dann kaum steigend in den weiten Boden der Melköde. Nun entweder wenige Minuten vor den Alphütten links über einen freien Hang und weiter bergauf auf eine Abdachung, auf der man nur noch wenig steigend nach Westen zur AV-Hütte quert. Oder den Hang hinter den Alphütten empor, dann nach links, entlang der Lichtleitung über eine Waldstufe und links um den freien Buckel herum zur Hütte. 1½ Std.

Schwarzwaldhütte, 120 m, DAV, im Winter bewirtschaftet. Eine gut ausgestattete Hütte mit 39 Betten, 41 Matratzen. Tel. 08329/216.

① **Hehlekopf,** 2058 m, über die Südhänge

Das Ideal eines Skiberges mit je einer Abfahrt nach Süden und nach Osten, die beide kaum Schwierigkeiten bereiten. Die Südabfahrt wird man unmittelbar nach Neuschneefällen oder bei Firn auf das Programm setzen.

Übersicht: Reine (mittelsteile und hindernislose) Südhänge im oberen Teil, dann relativ flache Schußfahrt zur Hütte; nur bei extremen Bedingungen lawinös; 1½ Std.; 430 Hm Abfahrt zur Hütte, 800 Hm ins Tal.

Aufstieg: Man erreicht über einen kleinen Rücken im Gelände und dann quer durch die Hänge des Steinmannls den Gerachsattel. Nun genau nach Norden empor, dann etwas mehr nach links in die Mulde unmittelbar unter dem Gipfel. Aus ihr nach links auf den obersten Südwestgrat und zum Gipfel mit Minikreuz.

Abfahrt wie Aufstieg über die hinternislosen Hänge (oder wie bei ②).

② **Hehlekopf,** 2058 m, von Osten

Wer den Hehlekopf als Tagestour besteigen will, wird auf jeden Fall die Abfahrt über die Ifersgundalpe jener über die Schwarzwasserhütte vorziehen, da sie viel zügiger ist. Üblicherweise wird der Aufstieg trotzdem über die Hütte durchgeführt. Dies mag ein wenig bequemer sein, dauert jedoch länger als der direkte Aufstieg und hat einen Nachteil: Bei einem Fehlen von Spuren ist von oben der Durchschlupf oberhalb der Melköde nicht ganz einfach zu finden. Hier nützt natürlich eine Aufstiegsspur.

Übersicht: Herrliche freie, nach Nordosten geneigte Hänge im oberen Teil, eine ganz kurze Steilstufe im Wald, dann ein reichlich flacher Weg talaus zur Auenhütte; allenfalls in der Gipfelregion Schneebretter möglich (Ostseite!); 2¾ Std., 800 Hm Abfahrt.

Aufstieg: Wie beim Zugang zur Schwarzwasserhütte bis zu den Alphütten der Melköde. Auf der üblichen Trasse noch über den folgenden Hang. Wo das Gelände flach wird, gerade bis zum Wald hinauf, hier scharf nach rechts und in den obersten Winkel des freien Geländes. Schräg rechts aufwärts zwischen mächtigen alten Fichten. Das Gelände wird rasch wieder flacher. Man steigt immer etwas nach rechts empor über schöne, von einzelnen Bäumen bestandene Böden bis auf die Höhe der Ifersgundalpe. Von hier ist der obere Teil des Aufstiegs einzusehen. Über makellose Hänge genau auf den Gipfel zu.

Abfahrt wie Aufstieg. Für jene, die ohne Spur abfahren wollen, ein paar Hinweise: Vom Gipfel gerade hinab bis vor die Alp. Links an ihr vorbei auf einer Art Rampe sich immer leicht rechts haltend bis vor den Steilabbruch über der Melköde. Hier in den tiefsten, rechten Winkel der freien Hänge und schräg nach rechts durch die Waldstufe auf das freie Gelände unterhalb.

③ **Steinmannl,** 1981 m

Ein etwas unbedeutender Gipfel im Massiv des Grünhorns mit einer ganz kurzen, aber spritzigen Abfahrt zur Hütte — als Morgenspaziergang vor dem Frühstück geeignet.

Übersicht: Reine Osthänge, im oberen Teil steil, bei Firn oder bei Pulver gleich lohnend; nur bei sicheren Verhältnissen; 1 Std., 370 Hm Abfahrt.

Steinmannl
Abfahrt zur
Schwarzwasserhütte
Foto:
D.Seibert

Aufstieg: Der Gipfel schiebt gegen die Hütte einen auffallenden Rücken vor. Auf ihm, später in der ziemlich steilen Mulde links davon bis 50 Hm unter den Gipfel. Nun am besten nach links unter dem Gipfel hindurch auf den Südostgrat und zum höchsten Punkt.

Abfahrt wie Aufstieg.

④ **Falzerkopf,** 1968 m

Einer der typischen Allgäuer Grasberge, der im Kamm zwischen Steinmannl und Diedamskopf steht. Wegen der langen Querungen als Skitour nicht sehr lohnend, jedoch ein netter Aussichtsberg für den innersten Talkessel des Bregenzerwaldes.

Übersicht: Kurzer Gipfelgrat und kurze Steilstufe nach Norden, dann lange Flachpassagen mit Gegenanstieg; nur bei sicheren Verhältnissen; 2¼ Std., etwa 450 Hm Abfahrt bis zur Hütte.

Aufstieg: Wie bei ① in den Gerachsattel. Nun westlich leicht abwärts unter den Hängen des Steinmannls hindurch bis unter den „Hornbacher Joch" genannten Sattel zwischen Kreuzmannl und Falzerkopf. Eine Steilmulde zieht von links nach rechts in den Sattel, 1850 m, hinauf. Nun westlich über das schmale Gratdach mit Ski bis auf den Gipfel.

Abfahrt in etwa wie der Aufstieg. Es lohnt sich, in den Boden der Halden-Hochalpe abzufahren, hier die Felle anzuschnallen und zum Gerachsattel wieder aufzusteigen.

⑤ **Grünhorn,** 2039 m

Das Grünhorn ist ein anspruchsvolles, nicht ungefährliches Ziel. Man wird es nur bei guten Verhältnissen ansteuern. Schon der Zugang zur Ochsenhofer Scharte führt über sehr steiles Gelände.

Übersicht: Sehr steiler Gipfelhang nach Osten und Südosten gerichtet, unter der Ochsenhofer Scharte reine Nordlage; nur bei absolut sicherem Schnee; 1½ Std., 420 Hm Abfahrt.

Aufstieg: Von der Hütte Querung bis unter die Scharte, dann in vielen Kehren gerade hinauf, wobei man sich eher links als rechts hält. Von der Scharte nach Südwesten auf einen kleinen Absatz und nun am besten quer durch die Steilhänge ins Starzeljoch, 1867 m. Über den Gratfirst zum Gipfel. Über die sehr steilen Osthänge nur bei sicherem Firn!

Abfahrt wie Aufstieg.

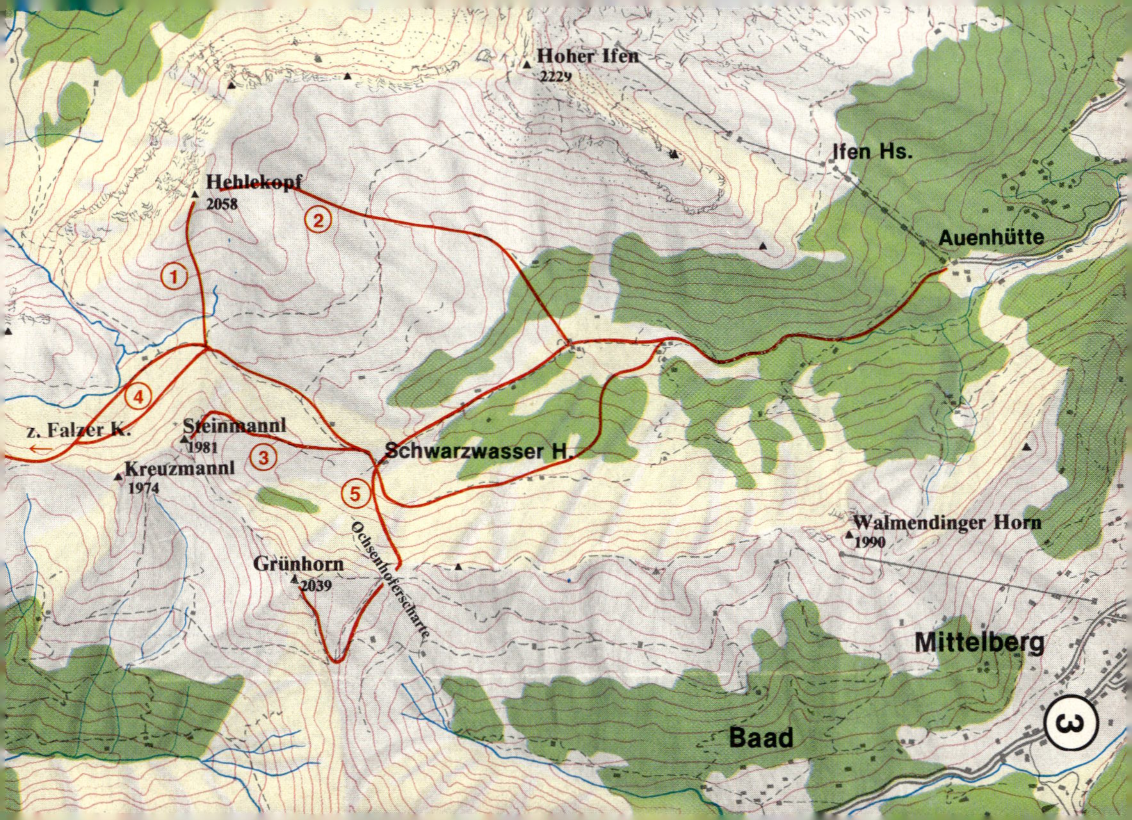
Hoher Ifen
2229
Ifen Hs.
Auenhütte
Hehlekopf
2058
2
1
4
z. Falzer K.
Steinmannl
1981
3
Kreuzmannl
1974
Schwarzwasser H.
5
Ochsenhoferscharte
Grünhorn
2039
Walmendinger Horn
1990
Mittelberg
Baad
3

1.3 Zwischen Iller, Trettach und Ostrach

In diesem Kapitel haben wir ein großes Gebiet zusammengefaßt, in dem wir eine Fülle von Touren finden, die im Charakter jedoch sehr unterschiedlich sind. Der Kamm der Sonnenköpfe etwa bietet ausgesprochene Voralpentouren, rund um den Daumen sind die Fahrten schon wesentlich anspruchsvoller, die Touren im Süden und Osten schließlich erfordern wegen der scharfen Bacheinschnitte, der steilen Grashänge, der felsigen Gipfel einen versierten Spezialisten. So sind Hinweise wie Laufbachereck, Schneck, Rauheck, Kreuzkopf und Hochvogel wirklich nur für den erfahrenen Hochtouristen gedacht, der zudem ein wenig Bescheid weiß über die typischen Eigenarten der Allgäuer Berge.

Zusätzliche Möglichkeiten:

Heidelbeerkopf 1767 m), Aufstieg vom Sonnenkopf, interessante Abfahrt über die steile Westrippe, in 1360 m Höhe nach Norden zur Sonnenkopf-Abfahrt.

Schnippenkopf (1833 m), er bietet eine weitere Möglichkeit über den Sattel östlich von P. 1661 m nach Norden über die Entschenalp.

Entschenkopf (2043 m), sehr schöne Abfahrt nach Osten und in das hinterste Retterschwang, Gipfel steil und mit Wächte, störend das folgende, lange, flache Tal.

Geißfuß (1980 m), interessante Abfahrt zur Gaisalpe, jedoch eine recht unangenehme Steilstufe.

Schochen (2100 m), großzügige Abfahrt ins Obertal, Vorsicht wegen der steilen Grashänge, Wächte.

Laufbachereck (2179 m), berühmt-berüchtigte Steilabfahrt parallel zum Laufbach ins Oytal, nur für beste Fahrer bei bestem Firn.

Schneck (2258 m), großzügige Steilabfahrt vom Südgipfel übers Himmeleck zum Wildenfeldhüttchen, Grat zum Hauptgipfel nur bei aperem Zustand begehbar.

Rauheck (2384 m), höchstes Winterziel über dem Oytal, teilweise sehr steil, die Terrasse westlich unter der Jochspitze für Aufstieg und Abfahrt verwenden.

Kreuzkopf (2287 m), schönes Skiziel vom Prinz-Luitpold-Haus (nicht bewirtschaftet) aus, dorthin jedoch sehr steil und lahnig.

Hochvogel (2594 m), sehr anspruchsvolle, hochalpine Bergfahrt, vom Prinz-Luitpold-Haus (nicht bewirtschaftet) über Balkenscharte und Kalten Winkel, Gipfelaufbau 300 Hm zu Fuß.

Glasfelderkopf (2271 m), Spritztour vom Prinz-Luitpold-Haus (nicht bewirtschaftet).

Tour 31

SONNENKOPF

1712 m

Allgäuer Alpen

Die Abfahrt vom Sonnenkopf nach Hinang ist das Ideal einer Voralpenroute: nahezu waldfrei, vom letzten Stück abgesehen ausgesprochen zügig und zudem kaum lawinenbedroht. Kein Wunder also, daß dieser einstige Geheimtip inzwischen zur richtigen Modefahrt geworden ist mit der unvermeidbaren Folge, daß man nur allzu häufig auf recht zerfurchte Hänge trifft.

Übersicht: Kurzer, nordseitiger Gipfelgrat, dann hindernislose Westhänge (mit kurzem, engem Durchschlupf), unten flache Bauernwiesen; nur bei extremsten Bedingungen lawinengefährdet; 2½ Std. von Hinang, max. 900 Hm Abfahrt.

Talort und Zufahrt: Altstädten, 750 m, südlich von Sonthofen, und Hinang, 823 m, auf der östlichen Illerterrasse; sehr schöne Loipen auf dieser Terrasse, kleiner Lift bei Altstädten; Zufahrt auf breiter Straße.

Aufstieg: Um das Gasthaus Sonnenklause, 1040 m, zu erreichen, gibt es verschiedene Möglichkeiten. Entweder von Hinang mit Pkw (Ketten empfehlenswert) oder von dort zu Fuß über Wiesen parallel zum Sträßchen. Oder dorthin vom großen P. zwischen Altstädten und Hinang über die Wiesen nördlich des Hinangerbachs.

Drei Minuten oberhalb des Gasthauses ist ein Minilift. Man steigt über seine Seile, um die Brücke dahinter zu erreichen. Auf einem Fahrweg über kleine Lichtungen schräg nach rechts auf die großen, freien Weiden. Über den 300 m hohen, steilen Hang in das obere, rechte (!) Eck der freien Hänge. Hier auf der Schneise des Sommerwegs in einer langen Kehre über die folgende Steilstufe. Gerade durch eine schmale Lichtung zu einem Hüttchen und weiter in dieser Richtung auf den Grat. Über ihn erst eben, dann wieder steil zum Gipfel (Vorsicht, Wächten nach Osten!).

Abfahrt: Wie Aufstieg, nur die waldige Steilstufe wird weiter nördlich auf einer baumfreien Rampe (gerade abwärts) umfahren. Man kann auch den nördlichen Parallelrücken befahren (mehr Wald), indem man etwas später vom Grat nach links in die Hänge abbiegt.

Sonnenkopf
mit
Nordrücken
oto:
Seibert

Tour 32
SCHNIPPEN-KOPF
1833 m
Allgäuer Alpen

Der Schnippenkopf ist keine Tour für Eilige und Ungeduldige. Will man nämlich die Abfahrt wirklich auskosten, dann muß man an zwei Stellen gut zehn Minuten lang die Hänge queren. So setzt man sich sogar eine nahezu waldfreie Strecke zusammen. Wenn man zudem noch ein wenig auf die Verhältnisse achtet (siehe unten), gehört diese Abfahrt zu den schönen Voralpentouren. Außerdem: bleibt man unter der Falkenalp im Wald, dann kann man alle Lawinengefahr vermeiden.

Übersicht: Lichtungen und Waldwiesen, meist westseitig, Gipfelgrat südexponiert, ausgesprochene Pulverschneetour für höhere Schneelage; Lawinengefahr nur unter dem Entschenkopf (kann im Wald umgangen werden); 2¾ Std., 970 Hm Abfahrt.

Talort und Zufahrt: Reichenbach, 867 m, Feriendorf auf der östlichen Illerterrasse, schöne, sonnige Loipen. Zufahrt von Sonthofen über Altstädten oder von Oberstdorf über Rubi.

Aufstieg: Auf der Fahrstraße durch Wald und über Lichtungen zum Gasthof Geißalpe (1149 m). Hinter dem Haus weiter bis zum Oberende der Lichtung. Hier nun nach rechts durch einen ganz schmalen Waldstreifen zu den nächsten Wiesen. Über sie bis unter die Richteralpe. Nun parallel zum Waldrand nach links auf eine Schulter und über die jenseitigen Weideflächen weiter bis unter einen Steilhang. Nun entweder: über die sehr steile Stufe auf eine Rampe, die nach links zum Hauptkamm am Fuß des Entschenkopfes führt. Am Kamm entlang zur Falkenalpe. Oder: bei Lawinengefahr in die hinterste, linke Ecke der Wiesen, weiter auf dem Sommerweg über zwei Bachrunsen und gerade durch den nicht sehr dichten Wald zu den freien Hängen der Falkenalp (rote Markierungen an den Bäumen). Schließlich über einen Hang und den breiten Südkamm zum geräumigen Gipfel.

Abfahrt: Nur bei Lawinengefahr durch den Wald, sonst über den schönen Steilhang unter dem Entschenkopf. Weiter wie beim Aufstieg bis zu dem Kapellchen, das gleich hinter der Brücke über den Geißalpbach am Weg steht. Hier zweigt ein wohl immer gespurter Fußweg Richtung Oberstdorf ab. Auf ihm 500 m ganz flach nach

Süden, dann durch eine Schneise gerade hinab und weiter parallel zur Straße (Aufstieg). Wo sie rechts ins Bachtal führt, wieder gerade über schöne Weiden abwärts, rechts über den Bach und zurück zum Parkplatz.

Tourengebiet 4 (Tour 33–40)

DAUMEN-GEBIET

Allgäuer Alpen

Der Große Daumen ist der König unter den Skibergen des Allgäus. Dieses mächtige Massiv überragt gewaltig seine Umgebung. Man kann mit den Skiern bis zum höchsten Punkt hinaufsteigen und hat dann die Wahl zwischen zwei großen und großzügigen Abfahrten. Das weiträumige Karstgelände kommt dem Skifahrern natürlich sehr entgegen. Ganz anders im Charakter ist der nördliche Kamm des Gebietes mit seinen schmalen Graten und den hohen Waldstufen.

Talorte und Zufahrten: Der eigentliche Talort für dieses Gebiet ist Hinterstein, 865 m, bei Hindelang, ein ganz einsam gelegenes, noch relativ ruhiges Bergdorf im Ostrachtal, ordentliche Straße von Norden; von dort Busverbindung bis Giebelhaus (1060 m, keine Übernachtungen). Der Große Daumen wird häufig aus dem Nebelhorngebiet (Bergbahn von Oberstdorf, 813 m) angegangen.

Stützpunkte: Schwarzenberghütte (1380 m, DAV, bew. Weihnachten bis Ostern), auf einem Wiesenboden westlich über dem Ostrachtal gelegen, idealer Stützpunkt für die Daumen; zu erreichen in 1 Std. von Giebelhaus auf einem Sträßchen.

Edmund-Probst-Haus (1920 m, DAV, im Winter bew.) bei der Bergstation der Nebelhornseilbahn.

① **Großer Daumen** (Aufstieg über Koblat), 2280 m

Um Aufstiegsmühe zu sparen, wird der Daumen häufig von der Nebelhornbahn aus aufgesucht. Doch das bringt zwei Nachteile: a) das Auto steht dann in Oberstdorf, man selbst kommt in Hinterstein heraus; b) fährt man mit der Bergbahn, dann ist man für die ost- und südseitigen Abfahrten reichlich spät dran. Die ideale Lösung ist ohne Zweifel eine Übernachtung auf der Schwarzenberghütte.

Übersicht: Sehr aussichtsreiche Höhenwanderung über ein welliges Karstplateau; nebelfreies Wetter und lawinensicherer Schnee sind Voraussetzung; 2½ Std. Aufstieg.

Aufstieg: Von der Seilbahnstation (Probst-Haus) 30 Min. aufwärts zum Koblatsattel südlich des Westlichen Wengenkopfes. Drüben anfangs abwärts, dann eben im welligen Gelände des Koblat immer nach Nordosten — auch unter dem Gipfel des Großen Daumens

4
Hinterstein
Breitenberg
1887
Untere H.
1308
Rotspitze
2033
Heubatsp.
2002
Eckscheid
1589
Wiesloher H.
1644
Mittlere H.
1589
Kl. Daumen
2191
Engeratsgundsee
Gr. Daumen
2280
Hengst
1988
Laufbichelsee
Laufbiehlkirche
Gundleshütte
1621
Koblatsee
Schwarzenberg H.
Ostrachtal
Giebelhaus
1
2
3
4
5
6
7
8

noch hindurch — bis man beim „Hohen Bichl“ auf die Südroute ② trifft (Weiterweg siehe ②).

Abfahrt: Besser wie ② und ③.

② **Großer Daumen** (Südroute), 2280 m

Die Südabfahrt gehört zu den schönsten Strecken der Allgäuer Alpen, ist völlig frei über 1100 Höhenmeter, zügig und abwechslungsreich. Durch die Süd- und Ostlage findet man nicht immer den besten Schnee; man sollte die Tour deshalb bei ganz kaltem Pulverschnee oder zu Firnzeiten unternehmen.

Übersicht: Rascher Wechsel von steileren Stufen und flachen Absätzen, bis in Obertal waldfrei, dann kurz auf der Straße zum Giebelhaus; nach Neuschnee und bei starker Erwärmung lawinös; 3 Std. von der Schwarzenberghütte, 3½ Std. von Giebelhaus, 1210 Hm Abfahrt.

Aufstieg: Von der Schwarzenberghütte: am Waldrand entlang leicht abwärts, dann dem Sommerweg folgend in das scharf eingeschnittene Bachtal und jenseits hinauf zur Käseralp. Von Giebelhaus: 20 Min. auf der Straße durch Wald ins Obertal zum Engeratsgundhof. Rechts ab und über die steilen Flächen — sich rechts haltend — zur Käseralp. Immer rechts bleibend zur Gundleshütte (Stierengeratsgundalpe). Hier biegt man nun genau nach Westen ab, steigt über die gegliederten Hänge 200 Hm empor (auf den auffallend trapezförmigen Gipfel — Laufbichlkirche-Nordgipfel — zu). Schon vor dem Boden am Fuß der „Kirche“ wieder nach Nordwest über Buckel bis an den Fuß des Gipfelhanges (Stangen als Markierung). Dieser Südosthang wird diagonal von rechts her (wichtig, links lawinös), unten über einen Hang, oben auf bequemer Rampe, erstiegen. Nicht von einem Kreuz irreführen lassen; der Gipfel liegt ganz links!

Abfahrt wie Aufstieg. Vor „Varianten“ wird gewarnt, in das Gelände sind immer wieder Felsstufen eingelagert. (Ein paar Routentips für jene, die vom Nebelhorn kommen: Vom Hohen Bichl Abfahrt Richtung Hochvogel, den man im Hintergrund sieht. Aus dem Tälchen am Fuß der Laufbichlkirche sich stark links haltend zur Gundleshütte.

③ **Großer Daumen** (Ostroute), 2280 m

Dies ist eine hochalpine Bergfahrt, die man nicht unterschätzen sollte und die man nur bei guten Verhältnissen anpacken darf. Das steile Gras und eine Schluchtquerung machen die Tour nicht ungefährlich, eine lange Querung und dichter Wald unterbrechen die Abfahrt. Diese Warnungen vorab, um Ungeeignete abzuschrecken; der Könner hingegen wird trotz dieser Makel echten Spaß an der rassigen Strecke haben.

Übersicht: Oben hindernislose Gipfelhänge und Mulden, kurzer Gegenanstieg, dann schöne Hänge in schmalem Tal mit Unterbrechungsstelle, unten lange Querfahrten, südost- bis nordostseitig; früh aufbrechen!; nur bei ganz sicherem Schnee (Firn); 5 Std. von Hinterstein, max. 1400 Hm Abfahrt.

Aufstieg: Wie bei ① oder ②. Oder von Hinterstein: Von den letzten Häusern 600 m auf der Talstraße nach Süden, über die Ostrach und nochmals 1000 m fast eben über die Wiesen parallel zum Bach in den hintersten Talwinkel. Bei einem Schild am Baum (wichtig!) in den dichten Wald und genau dem Sommerweg folgend bis unter die Möslealp. Immer auf dem breiten Weg quer durch die Hänge zu einem Vorsprung und nun wieder steigend ins Tosental hinein. Bis zur Mittleren Nickenalpe im Talboden. Jetzt nach Südwesten über den Hang auf eine kleine Geländeschwelle. Nur noch leicht steigend schräg aufwärts zu einem Absatz in der Geländekante, die den hier schluchtartigen Bacheinschnitt begleitet (nicht zu hoch). Waagrechte Querung der überaus steilen Schluchthänge hinein zum Bach, den man genau am Oberende der Schlucht erreicht. Nun problemlos im breiten Talboden in einem Bogen nach rechts bis in den hintersten Talwinkel. Nach links über eine kleine Stufe auf eine auffallende Rampe, die man bis vor die Scharte „bei der Tür" verfolgt. Die letzten Meter sehr steil in die Lücke (schneebrettgefährlich). Drüben 80 Hm steil abwärts zum Engeratsgundsee. Über den See und in der gleichen Richtung weiter auf einer Rampe, bis man vor dem „Hohen Bichl" auf die von Giebelhaus kommende Route trifft.

Abfahrt wie Aufstieg. Für den von oben Kommenden ein paar Tips für die Abfahrt: Über den Gipfelhang auf die flachen Böden darunter und über sie hinaus, bis das Gelände wieder etwas steiler wird (2050 m Höhe). Nun stark nach links — man erkennt deutlich die tiefe Kuhle des Engeratsgundsees. Von der Ostspitze des Sees sehr steil in die Tür. Drüben ebenfalls sehr steil kurz abwärts, dann nach links auf eine Rampe und weiter nach links in den Talboden. Durch ihn hinab bis in 1770 m Höhe, wo der Bach sich plötzlich scharf einschneidet. Durch die rechte, überaus steile Flanke der Schlucht an die Kante hinausqueren. Beliebig über schöne Hänge ins Tal, beim Waldbeginn dann auf der linken Seite dem Sommerweg folgend zur Unteren Nickenalpe. Weiter durch Wald auf dem Weg zu einer freien Fläche über dem Tal der Ostrach. Nun entweder quer durch die Hänge zur Möslealp und durch unangenehm dichten Wald ins Tal (siehe Aufstieg). Oder von der freien Fläche ins Ostrachtal (ebenfalls eine — aber kurze — Stufe). An der Ostrach entlang 200 m aufwärts zur Brücke und auf die Straße (eventuell mit Bus nach Hinterstein).

④ Kleiner Daumen, 2191 m

Eine nette Variante zu den üblichen Daumenabfahrten, ausgesprochene Firntour.

Übersicht: Fast reine Südhänge, sehr zügig, über 1000 Hm waldfrei; nicht lawinensicher; 2½ Std. von der Schwarzenberghütte, 3 Std. von Giebelhaus, 1130 Hm Abfahrt.

Aufstieg: Wie bei ② zur Gundleshütte (Stierengeratsgundalpe). Über die freien Hänge genau nach Norden, schließlich durch eine schmale, steile Mulde zum Engeratsgundsee. Von dessen Nordwestufer über eine Steilstufe, dann sich mehr rechts haltend zu den Böden am Südfuß des Gipfels. Steil zum höchsten Punkt, die letzten Meter eventuell zu Fuß.

Abfahrt wie Aufstieg oder ab Engeratsgundsee wie ③.

⑤ Heubatspitze (Punkt 2002)

Auf der neuesten Ausgabe der Bayerischen Landeskarte wird der südlichste und höchste Punkt der Hohen Gänge als Heubatspitze bezeichnet. Dieser Gratkopf bietet keine freie Idealabfahrt, doch für manchen geschickten Tourenfan sind gerade Steilheit und Schwierigkeit besondere Anreize. Manchmal trifft man gerade im Wald auf ideale Firnverhältnisse — das ist dann die richtige „Heubat-Zeit".

Übersicht: Oben freie, teilweise steile Südosthänge und ein paar Almböden, dann 400 Hm recht steiler Wald, der jedoch so licht ist, daß er sich gut befahren läßt, Abfahrt insgesamt anspruchsvoll; Gipfelhänge nur bei ganz sicherem Firn!; früher Aufbruch wichtig (ostseitig); 3½ Std., 1140 Hm Abfahrt.

Aufstieg: Von den letzten Häusern Hintersteins 600 m auf der Talstraße nach Süden, hier über die Ostrach und genau nach Südwesten zum Waldrand. Beim Schild „Eckalpe" links über die Brücke und dann 200 m auf dem Ziehweg flach ins Bachtal. Hier kurz über eine frei Stelle empor, dann nach rechts in den Hochwald. Immer dem Sommerweg folgend (rote Markierung an den Bäumen) durch den teilweise sehr steilen Wald aufwärts, man hält sich dabei immer etwas nach rechts. Vom Waldrand erst eben, dann leicht steigend zur Alpe Eck. Sich an die Talböden haltend in den Kessel südöstlich des Gipfels. Über einen am Schluß steilen Hang in die rechte der beiden Scharten im breiten Südrücken. Über den Rücken auf den Gipfel. Man kann auch — steiler! — direkt über die Südosthänge aufsteigen (Vorsicht!).

Abfahrt wie Aufstieg.

⑥ Rotspitze, 2033 m

Wenn auch die Rotspitze kein Skiziel ist, so wird ein richtiger Bergsteiger doch Spaß daran haben, diesem vor allem von Norden so formenschönen Dreikant aufs verschneite Haupt zu steigen. Man erreicht von der Heubatspitze aus über den Grat einen markanten Vorkopf. Skidepot. Steil (nur bei ganz sicherem Schnee) etwas links der Kante in den folgenden, tiefeingeschnittenen Sattel und wieder steil empor zum Gipfel. 40 Min. Rückkehr auf dem gleichen Weg.

⑦ **Breitenberg** (Nordgipfel), 1887 m

Auch dieses Winterziel ist anspruchsvoll und die Abfahrt wegen der hohen Waldstufe nicht makellos. Lawinensicherer Firn bei hoher Schneelage, Fahrkönnen und Orientierungsvermögen heißen die Voraussetzungen.

Übersicht: 600 Hm waldfrei und fast hinternislos, teilweise steil, 350 Hm im Wald auf Ziehweg und über Lichtungen, ost- bis südostseitig; Gipfelaufbau zu Fuß; nur bei sicherem Firn (Ostseite), früh aufbrechen; 3 Std., 970 Hm Abfahrt.

Aufstieg: Wie bei ⑤ zum Schild Eckalpe. Hier gerade weiter auf einem Fahrweg und nach rechts in einen ganz auffallenden Einschnitt im Wald (Schilder Älpe-Alp und Markierungen an den Bäumen). Durch den Einschnitt (70 Hm) auf eine Lichtung. Immer auf dem Almweg bleibend in Kehren über den sehr steilen Schlag, dann auf dem Weg nach links und schließlich durch eine Schonung auf die freien Almflächen. Im herrlichen Skigelände zur Unteren Hütte (Älpe-Alp). In den hinteren Talboden und sich an den äußersten rechten Bacheinschnitt haltend auf die freie Schulter jenes Rückens, auf dem weiter unten die Obere Hütte liegt. Schräg über eine Rampe in das Kar östlich unter dem Gipfel. Steil, am Schluß sehr steil auf eine Schulter im Ostgrat und zu Fuß über den tief verschneiten Rücken zum Kreuz.

Abfahrt wie Aufstieg.

⑧ **Breitenberg** (Südgipfel), ca. 1950 m

Auf die großartige, aber sehr anspruchsvolle Steilabfahrt nach Häblesgund und ins Rettenschwang sei hier nur kurz hingewiesen. Dem Ortsunkundigen sei dringend empfohlen, auf der Abfahrtsroute auch aufzusteigen (und nicht über die Älpealp), da von oben der beste Durchschlupf oft nur schwer zu finden ist. Ganz sichere Verhältnisse und gutes Skifahrerkönnen sind Voraussetzung. 3½ Std., max. 1140 Hm Abfahrt.

Bald nach der Hornbachalpe auf einem Steg über die Bsonderach und durch teilweise sehr steilen, relativ lichten Wald nach Häblesgund. Vom mittleren Talboden über den recht steilen Riesenhang auf den Grat nördlich des Südgipfels und längs des Kammes auf den nicht ausgeprägten Gipfel.

Tour 41
GROSSER WILDER
2379 m
Allgäuer Alpen

Dies ist eine der hochalpinsten und anspruchsvollsten Touren dieses Führers, die nur bei ganz sicherem Firn im Frühjahr von erfahrenen Bergsteigern durchgeführt werden sollte. Früher Aufbruch am Morgen, sicheres Gehen in steilstem Gelände und ein guter Blick für den richtigen Durchschlupf sind Voraussetzung für diese Tour mit ihrem 800 m hohen Steilhang.

Übersicht: Schöne Mulden unter dem Gipfel, dann eine gefährliche Schrofenstufe zur Wildenfeldscharte, anschließend ein makelloser Steilhang zur Wildenfeldhütte, ein weiterer nicht ganz so freier Steilhang in den Boden der Käseralp (beides westseitig), dann das langgestreckte Oytal, teilweise eben; nur bei ganz sicherem Firn im Frühjahr; 4½ Std. vom Oytalhaus, 1370 Hm Abfahrt ins Oytal, 1570 Hm nach Oberstdorf.

Talorte und Zufahrt siehe Seite 72.

Stützpunkt: Von Oberstdorf auf der Fahrstraße (für Pkw gesperrt) in 1¼ Std. zum Gasthaus Oytal (1007 m, im Frühjahr meist bew., vorher erkundigen!). Vorsicht Lawinenstriche!

Aufstieg: Vom Gasthaus Oytal auf dem Fahrweg über den Oybach und dann 2 km fast eben zur Unteren Gutenalpe. Am bequemsten immer auf dem Alpweg weiter südlich über dem Bach zum Stuibenfall und in den flachen Boden der Käseralp. Nun nach Osten über den im mittleren Teil sehr steilen Hang hinauf zum Wildenfeldhüttchen. Man hat nun genau über sich die Wildenfeldscharte, eine scharfe Einkerbung zwischen Großem und Kleinem Wilden. Der dort hinaufziehende Riesenhang wird durch eine Rippe in einen kleineren nördlichen und einen größeren südlichen Teil getrennt. Am besten über den südlichen Teil — am Schluß sehr steil — in die Scharte. Drüben wenige Meter abwärts, dann links quer über mehrere Runsen (bei hartem Schnee Eispickel und Steigeisen angenehm) auf die steilen Hänge dahinter und schräg aufwärts auf eine Schulter. Erst etwas nach Norden, bald nach Nordwesten in den Sattel zwischen Süd- und Hauptgipfel des Großen Wilden und nach rechts zum höchsten Punkt.

Abfahrt wie Aufstieg.

Wildengruppe (von Westen)
Hauptgipfel
Wildenfeld
Foto
D.Maresch

1.4 Im Süden des Tannheimer Tales

Der östlichste Flügel der Allgäuer Alpen wird im Norden vom Tannheimer Tal, im Süden vom absolut einsamen Schwarzwassertal begrenzt. Hier findet man etwa ein Dutzend lohnender, schon etwas anspruchsvollerer Touren, die jedoch durch die Liftanlagen stark abgewertet wurden, man denke an Kühgundkopf, Ponten oder Ronenspitze. Sowohl im westlichen wie im östlichen Teil des Gebietes lassen sich alle Gipfel mit Ski beteigen. Nur jene Berge, die weiter im Süden liegen wie Rauhhorn, Kälbelespitze, Lachenspitze, Leilachspitze bleiben im Winter unberührt.

Die wichtigsten Ziele werden auf den folgenden Seiten beschrieben.

Ein paar weitere Möglichkeiten seien hier kurz erwähnt.

Stuibenkopf, 1831 m, Abstecher von der Oberen Stuibenalpe, nette Gipfelhänge, keine Abfahrt nach Hinterstein, am besten in Verbindung mit Bschießer und Kühgundkopf.

Zerrerköpfle, 1946 m, von Hinterstein über die Willersalpe, Waldstufe, teilweise steil.

Rote Spitze, 2130 m, schöner, aber sehr steiler Gipfelhang, lawinös, Zugang zur Landsberger Hütte schwierig.

Steinkarspitze, 2067 m, weniger gefährlich als die Rote Spitze, Gipfelaufbau zu Fuß über den Ostgrat (auch über den Nordgrat).

Litnisschrofen, 2068 m, als Skiberg ganz unbekannt, dennoch ein schönes Ziel, unschwierig über die Gräner Ödenalp; rassig aus dem obersten Strindental zu einer Schulter im Westgrat und durch kleine Mulden bis unter den Gipfel, oft verblasen.

Krinnespitze, 2000 m, gemütlicher Spaziergang von der Krinnealp (Lift von Nesselwängle); rassige Firntour von Raut.

Litnisschrofen
Westroute
Foto:
D. Seibert

Tourengebiet 5
(Tour 42–46)

ÜBER DEM TANNHEIMER TAL

Allgäuer Alpen

Das klassische Skitourengebiet um den Ponten ist durch Lifte in Schattwald und Zöblen zum Dorado der „Spritztouren" geworden, denn die Anstiege sind auf ein bis zwei Stunden zusammengeschmolzen. Nur das Gaishorn blieb bis heute von der Pistenerschließung verschont — zum Glück eignet sich dort das Gelände wenig für Lifte und Bahnen.

Die Kürze der Touren sollte jedoch niemanden zum Leichtsinn verleiten, denn alle Abfahrten sind steil und damit zeitweise den Lawinen und Schneebrettern ausgesetzt.

Talort und Zufahrt: Im weiten, sonnigen Tannheimer Tal liegen die Orte rasch hintereinander aufgereiht: Schattwald, Zöblen, Tannheim (1097 m). Jeder der Orte bietet seine Pisten und Lifte an, ein großzügiges Loipennetz verbindet die Dörfer miteinander. Mächtige, felsige Gipfel wie der Gimpel oder das Gaishorn bilden eine malerische, recht hochalpine Kulisse. Auf vier Straßen kann man das Tal erreichen: Von Sonthofen über Oberjoch (kurvenreiche Paßstraße), von Wertach ebenfalls über Oberjoch (gute Straße), von Pfronten durch das Engetal (neu ausgebaut) und aus dem Lechtal von Weißenbach aus über den Gaichtpaß.

① **Kühgundkopf** (Wannenjoch), 1909 m

Von Schattwald führt der Wannenlift bis in 1580 m Höhe. So besteigt man heute mühelos diesen Skiberg in einer einzigen Stunde. Die Liftnähe sorgt dafür, daß die bis ins Tal hinableuchtenden Südosthänge oft von zahllosen Wedelspuren überzogen sind.

Übersicht: Oben steile, bei etwas höherer Schneelage makellos weiße Südosthänge, ideal bei Firn, unten Piste; nicht lawinensicher; 1 Std., 800 Hm Abfahrt.

Aufstieg: Von der Bergstation des Wannenliftes in Kehren über die steile, nur wenig ausgeprägte Ostrippe des Punktes 1852 m (die Rippe, auf der auch die Bergstation liegt) auf den Hauptkamm und über ihn nach links zum höchsten Punkt.

Abfahrt: Beliebig über die weiten, teilweise ziemlich steilen Südosthänge und entweder in 1600 m Höhe nach links zur Piste oder weiter im Tiefschnee rechts des Waldes in den Talboden bei der Unteren Stuibenalpe hinab.

5
Schattwald
Zöblen
Kienzen
Kühgundkopf
1907
Bschießer
2000
Ponten
2044
Ronenspitze
1990
Zirleseck
1872
Gaishorn
2247
Rauhhorn
2240
1
2
3
4
5

② **Bschießer,** 2000 m

Der Bchießer ist als Skiberg nicht so ideal wie seine Nachbarn, da der gut 200 m hohe Gipfelaufbau, der teilweise von Latschen überzogen ist, häufig keine guten Verhältnisse aufweist. Er ist zu sehr den von Nordwesten kommenden Stürmen ausgesetzt. Schöne Abfahrt bei oft gutem Schnee hingegen bieten die beiden steilen Nordostmulden hinab ins Stuibental, es handelt sich jedoch jeweils nur um 300 Hm.

Übersicht: Steiler, oft verblasener Gipfelaufbau, hier wäre eine hohe Schneelage angenehm, zwei parallel laufende, sehr schöne Nordostmulden hinab ins Pistengebiet des Pontenliftes; lawinenbedroht; 1½ Std. vom Lift, 2½ Std. zu Fuß aus dem Tal; max. 900 Hm Abfahrt.

Aufstieg: a) Mit Lifthilfe. Von der Bergstation des Wannenliftes Richtung Kühgundkopf gute 100 Hm empor, dann nach links quer durch die recht steilen Hänge (nur bei sicherem Schnee!) Auf einen Absatz und leicht abwärts in den Stuibensattel (1600 m) mit der Oberen Stuibenalpe. Über den breiten Nordwestrücken an den Gipfel heran, und nun steil, sich etwas rechts haltend zum Kreuz. b) zu Fuß. Von Schattwald am besten auf den Pisten östlich des Stuibentales hinauf zum Pontenlift. Nun durch die oben ziemlich steile Mulde, die rechts der Bschießer-Nordflanke zum Grat hinaufführt. Man erreicht den Aufstieg a) am Fuß des Gipfelaufbaus.

Abfahrt: Vom Fuß des Gipfelaufbaus zieht eine oben recht steile Mulde hinab zum Pontenlift. Diese Mulde bietet eine sehr schöne Abfahrt, sollte aber nur bei sicheren Verhältnissen betreten werden (Ostseite des Grates!). Auch die nördliche Parallelmulde eignet sich zur Abfahrt, Beginn bei der Oberen Stuibenalpe, ebenfalls sehr steile, ostseitige Einfahrt.

③ **Ponten,** 2045 m

Der schönste und bekannteste Skiberg des Tannheimer Tales mit einer — bei entsprechender Schneehöhe — makellosen, allerdings teilweise steilen Abfahrt. Die Tour lohnt sich bei lawinensicherem Pulverschnee ebenso wie bei Firn im Frühjahr.

Übersicht: Nordmulde, teilweise steil, Gipfelgrat je nach Schnee mit Ski oder zu Fuß, im unteren Abschnitt der Abfahrt Piste; nicht lawinensicher; 1½ bzw. 2½ Std. Aufstieg, max. 900 Hm Abfahrt.

Aufstieg: a) mit Lifthilfe. Mit dem Wannenlift zur Bergstation, dann Abfahrt auf der Piste zur Unteren Stuibenalpe, Fahrt mit dem Pontenlift zu dessen Bergstation. Nach rechts in das Kar zwischen Ponten und Bschießer und über schöne Hänge in das kleine Kar östlich unter dem Bschießer-Gipfel. Nun über eine kurze Steilstufe schräg links empor auf die oberen Hänge und etwas nach links zu der Stelle, wo der Gipfelgrat kräftig zu steigen beginnt. Je nach Schneemenge und -qualität beliebig hoch mit den Skiern in der Flanke knapp links des Grates. Die letzten 40 Hm auf jeden Fall zu Fuß, ein Felstürmchen in der Südflanke umgehend. b) zu Fuß. Wie beim Bschießer beschrieben zu den Stuibenalpen und weiter wie oben.

Abfahrt wie Aufstieg.

Kleine Rundtour: Die drei beschriebenen Gipfel lassen sich zu einer kurzweiligen Rundtour zusammenfassen mit drei wirklich lohnenden Abfahrten. Wie bei ① von der Bergstation des Liftes auf den Kühgundkopf. Abfahrt nach Süden zur Oberen Stuibenalpe und Aufstieg von 15 Min. zum Gipfelfuß des Bschießers. Hier durch die bei ② beschriebene Mulde hinab ins Gebiet des Pontenliftes und weiter wie bei ③ auf den Ponten.

④ **Ronenspitze,** 1990 m, **Zirleseck,** 1872 m

Seit dem Bau des Ronenliftes oberhalb von Zöblen ist auch die Ronenspitze zum Skitourenziel geworden, eine Bergfahrt, die an die Besteigung des benachbarten Ponten erinnert. Da man den relativ langen, felsigen Südgrat des Berges nur zu Fuß überschreiten kann, gibt sich mancher mit dem unbedeutenden Zirleseck zufrieden.

Übersicht: Oben steile Nordwesthänge, dann sanfter Karboden, unten Piste; nur bei lawinensicherem Schnee; Gipfelgrat der Ronenspitze zu Fuß mit einigen leichten Kletterstellen, der Grat ist auch im Winter meist schneearm (abgeblasen); 2¾ Std. aus dem Tal, 1½ Std. vom Lift, Zirleseck 20 Min. weniger, max. 800 Hm Abfahrt.

Aufstieg: Mit dem Ronenlift zur Bergstation und durch die allererste Schneise nach Westen auf der Piste etwa 30 Hm abwärts. Hierher natürlich auch zu Fuß auf der Piste (früher Aufbruch bei Firn ratsam). Flach ins Pontental hinein und in den Talhintergrund. Über den linksseitigen Hang nach Südosten hinauf (steile Stufe) und wieder flacher entweder mehr nach Süden auf das Zirleseck oder stärker nach links auf den Ronenspitz-Südgrat. Skidepot bei den ersten Felsen. Dem Sommerweg folgend über den von einigen Felsrippen unterbrochenen Grat. Unangenehm kann ein Kopf werden, der üblicherweise ostseitig gequert wird; eventuell direkt über den Grat.

Abfahrten wie Aufstiege.

⑤ **Gaishorn,** 2247 m

Das Gaishorn ist der Hauptgipfel der Vilsalpseeberge und nächst der Leilachspitze der zweithöchste Berg südlich des Tannheimer Tales. Von Nordosten präsentiert es sich als schöne Felspyramide, von Nordwesten als mächtiges Trapez. Die nordseitige Abdachung ist im Sommer eine Schrofenflanke, im Winter verwandelt sie sich in einen weißen Steilhang mit Felsinseln. Dieser Hang hat sich zu einem beliebten Ziel der Tourenfahrer entwickelt, obwohl er nicht ungefährlich ist. Deshalb sollten nur Steilhangspezialisten bei bestem Firn im Frühjahr die Tour auf das Programm setzen.

Übersicht: 300 m hoher Steilhang unter dem Gipfelgrat, dann Böden und flache Hänge hinab zum Älpele, anschließend Wald mit Lichtungen, Schneisen und einer breiten Almstraße (oft schon teilweise aper), alles nordseitig; nur bei absolut sicherem Firn, früh

Gaishorn

Foto
R.Rother
Durch die
Aufwärtsperspektive
erscheinen die Hänge
viel zu flach!

Alpeletal
Foto:
R. Rother
vom
Gaishorn

aufbrechen; 400 m langer Gipfelgrat zu Fuß; 3 bis 4 Std., 1040 Hm Abfahrt.

Zufahrt: Von Tannheim 500 m nach Westen zu den obersten Häusern von Wiesle (1140 m).

Aufstieg: Auf der breiten Almstraße immer östlich des Älpelebaches meist durch Wald zum Älpele (1526 m). Anfangs über die Böden Richtung Zerrerköpfle, doch bald mehr nach Süden sich immer an die linksseitigen Hänge haltend talein bis in den Karboden unter dem Gipfelgrat. Über den immer steiler werdenden Hang (meist werden die Ski getragen) in die Lücke, die ganz rechts im Gipfelgrat (gleich östlich des Gaisecks) eingeschnitten ist. Zu Fuß über den Grat zum höchsten Punkt.

Abfahrt wie Aufstieg. Unterhalb des Älpeles kann man dem alten Ziehweg über Lichtungen und durch Wald folgen; sonst bleibt man auf der Straße. Eine weitere Möglichkeit: in etwa 1300 m Höhe über den Bach und nach links zum idyllisch gelegenen Höfersee und weiter nach Wiesle.

Tour 47

SCHOCHEN-SPITZE

2069 m

GEIERKÖPFLE

1920 m

Allgäuer Alpen

Von allen Skigebieten des Tannheimer Tales ist das über Vilsalpsee und Traualpsee das anspruchsvollste. Im Hochwinter sollte es für den Tourenfahrer absolut tabu sein, bilden doch die teilweise äußerst steilen Grashänge den „idealen" Untergrund für Lawinen. Im Frühjahr jedoch — bei sicherem Firn und hoher Schneelage — findet der Könner ein paar echte Schmankerl. Bitte, beachten Sie auch die Einleitung des Kapitels „Südlich des Tannheimer Tales".

Übersicht: An der Schochenspitze schöne Süd- und Westhänge mit einer sehr steilen Stufe, Geierköpfle wesentlich sanftere Osthänge, unterhalb des Traualpsees teilweise Wald; nur bei ganz sicherem Firn; 2½ Std. zum Schochen, Geierköpfle 45 Min. Gegenanstieg, 900 Hm Abfahrt vom Schochen, zusätzlich 240 Hm vom Geierköpfle.

Talort und Zufahrt: Tannheim 1097 m, siehe Seite 84. Von dort 4 km auf guter Straße zum Vilsalpsee, 1165 m.

Aufstieg zur Schochenspitze: 800 m am Ostufer des Sees entlang, dann auf dem Sommerweg zur Landsberger Hütte durch anfangs nur mäßig steilen Wald. Immer links des Baches bleibend über einen sehr steilen, hohen, von einzelnen Bäumen bestandenen Hang (Lawinenstrich) hinauf in den Kessel des Traualpsees. Am Ostufer entlang, dann über eine Ministufe auf den Boden unter dem Felsriegel mit der sichtbaren Landsberger Hütte. Hier nach links über die immer steiler werdenden Hänge (an der Stufe eventuell Ski tragen) Richtung Osten. So bald wie möglich rechts hinaus in das schöne, freie Gelände südlich des Gipfels. Eine Steilstufe rechts umgehend zum höchsten Punkt.

Abfahrt wie Aufstieg.

Geierköpfle: Wegen der ostseitig geneigten Hänge besteigt man diesen Gipfel als „Vorspeise". Von dem Boden oberhalb der Ministufe durch ein Tälchen nach Westen. Gegen die Scharte am Fuß der Rotenspitze. Sobald sich die Hänge rechts zurücklegen, nach Norden abbiegen und zum Gipfel hinauf.

Abfahrt bis in den Boden. Dann weiter wie oben.

Tour 48

SULZSPITZE

2084 m

Allgäuer Alpen

Die Sulzspitze ist der höchste und mächtigste Gipfel im Ostflügel der Vilsalpseeberge. Auf drei Seiten bricht sie steil und felsig ab, bildet jedoch nach Osten ein breites Gipfeldach aus, das einen idealen Zugang mit Ski erlaubt. Auch das obere Strindental bietet schönes Skigelände, erst unterhalb der Ödenbachalpe ist das Tal dann schluchtartig eingeschnitten und kann nur auf dem Forststräßchen überwunden werden.

Übersicht: Schöne Gipfelmulden, dann kurze, ostseitige Steilstufe zur Strindenscharte, dann nordgeneigte Weideflächen, von einer weiteren Steilstufe unterbrochen, unten enges Bachtal mit Wald; Lawinenstriche im Bereich der Forststraße, Schneebrettgefahr an den Steilstufen; Abfahrt mittelschwer, am schönsten bei Pulver; 3 Std., 950 Hm Abfahrt.

Talort und Zufahrt: Haldensee, 1130 m, kleiner Ferienort im östlichen Tannheimer Tal; Zufahrt von Norden durchs Engetal von Pfronten aus, von Nordwesten über Wertach und Oberjoch, aus dem Tirolischen von Reutte über Weißenbach und den Gaichtpaß; beschränkte Parkmöglichkeiten.

Aufstieg: Vom südlichsten Haus in Haldensee waagrecht nach Osten (300 m) zur Forststraßenbrücke. Auf der Straße durch den äußerst steilen Wald (Lawinenstriche) in einer Kehre zum Beginn des Strindentales. Hierher auch direkt auf altem, steilen Ziehweg (rote Markierung an den Bäumen). Nur wenig steigend talein, bei der Verzweigung rechts weiter zu den freien Wiesen. Immer parallel zum Bach — die beiden Ödenbachalpen bleiben rechts oberhalb — bis in den Talhintergrund. Über den anfangs noch sanften Hang zur Linken so hoch empor, bis man nach rechts über einen freien Hang die sehr steile Stufe überwinden kann. Über schöne Böden in die Strindenscharte (1850 m). Die folgende Steilstufe gerade empor, dann etwas nach rechts ausholend über das Gratdach mit Ski bis zum Kreuz.

Vom Lift: Es ist möglich, von Tannheim mit dem Lift zum Neunerkopf zu fahren und durch Abfahrten und Querungen die Strindenscharte zu erreichen; mehrere Möglichkeiten; nur bei sicherem Schnee.

Abfahrt durchs Strindental nach Haldensse. Die Kehre der Forststraße wird auf einem Hang mit jungen Fichten abgeschnitten.

Sulzspitze (von Osten)
zur Strindenscharte
Foto D.Seibert

1.4 Die Tannheimer Gruppe

Dieses kleine, durch tief eingeschnittene Flußläufe (Lech und Vils) von den Nachbarbergen getrennte Gebiet ist zum Skifahren nur begrenzt geeignet. Im Südteil ragen die Gipfel allzu schroff in den Himmel, im sanfteren Nordteil bremsen Waldgürtel und Bachtobel die Abfahrten. Natürlich gibt es auch hier ein paar Skiziele, die jedoch alle nicht ganz makellos sind und ebenfalls alle einen sicheren Tourenfahrer erfordern. Schlicke, Schartschrofen, Brentenjoch und Schönkahler werden auf den folgenden Seiten ausführlich behandelt.

Zusätzlich gäbe es noch folgende Möglichkeiten:

Gaichtspitze (1988 m), von Gaicht über die teilweise sehr steile Südwestflanke, nur bei bestem Firn, sehr rassig.

Schneid, (2009 m), aus dem Reintal über Sabachalm und Gehrenjoch, unter dem Joch sehr steil.

Karetjoch (1740 m), Aufstieg von der Vilser Alp, Abfahrt nach Osten, oben sehr schön, dann teilweise steil und waldig, nicht einfach.

Große Schlicke (2059 m), Nordkar, Steilmulde in den Nordabstürzen, nur bei bestem Schnee für sehr gute Fahrer, die letzten 100 Hm zum Gipfel zu Fuß.

Füssner Jöchl (1818 m) — **Sebentobel**, das Füssner Jöchl ist Liftgebiet, Auffahrt von Grän im Tannheimer Tal, um den Ostfuß der Sefenspitze herum in den Sebentobel und nach Osten in den Boden der Vilser Alpe, steil, lohnend.

Sebenspitze (1935 m), Zugang von der Vilser Alpe wie zum Brentenjoch, dann nach links zum Vilser Jöchl und parallel zum Grat auf den Gipfel, Abfahrt über den rassigen Nordhang.

Aggenstein (1987 m), überaus steil, nur für Steilhangspezialisten bei bestem Firn, reine Südhänge, Gipfel nur zu Fuß.

Schönkahler (1688 m) aus dem Engetal, durch viel Wald zur Pfrontner Alm und über Wiesen zum Gipfel, eine Tour, die man auch bei schlechten Verhältnissen durchführen kann.

Aggenstein
Steilabfahrt
Pfrontener Hütte
Gran
Foto:
D. Seibert

Tour 49

BRENTENJOCH

2001 m

Tannheimer Berge

Das Brentenjoch wird gerne als die schönste Skitour der Tannheimer Berge bezeichnet. Trotzdem wäre es falsch, sich hier eine mühelose Abfahrt etwa im Stil der Kitzbüheler Strecken vorzustellen. Das verhindern vor allem die beiden Waldgürtel. Wegen der reinen Südlage im oberen Teil wird man nur nach Schlechtwetter hier idealen Pulverschnee vorfinden. Deshalb wird die Tour am häufigsten bei Firn (März) durchgeführt.

Übersicht: Waldgürtel mit Ziehweg im untersten Teil, Alpweiden um die Vilser Alpe (flach), ein weiterer Waldgürtel mit Weg, dann freie Steilhänge, hohe Schneelage wichtig; im oberen Teil reine Südseite; lawinengefährdet; 3½ Std., 1140 Hm Abfahrt.

Talort und Zufahrt: Vils, 826 m, liegt an der Straße Pfronten — Reutte (von Füssen über Ulrichsbrücke). Zufahrt mit Pkw bis unter den riesigen Kalksteinbruch meist möglich.

Aufstieg: Unter dem Kalksteinbruch ist eine auffallende Straßenkreuzung. Westlich knapp unterhalb beginnt der Ziehweg (Schild) zur Vilser Alpe. Auf ihm durch dichten Wald zur Brücke beim Alpstrudelfall. Nun auf dem anderen Bachufer flach über ziemlich freies Gelände zur Vilser Alpe (1228 m, meist Übernachtungsmöglichkeit). Gleich dahinter schräg nach rechts zu einer mächtigen Fichte und in gleicher Richtung weiter zum Bach. Gegenüber durch ein kleines Tälchen zu einem alten Ziehweg. Auf ihm in Kehren empor, dann über einen Schlag nach rechts um die Ecke und in den flachen Boden der Taura-Alp (1350 m) in dem vom Vilser Jöchl herabkommenden Tälchen. Dieses ist für den Weiterweg wenig geeignet, man überquert deshalb den Bach und ersteigt die gegenüberliegende Geländestufe (oben Bäume). Dann schräg nach links über die hier flacher werdenden Hänge auf eine deutliche, vom Gipfel kommende Rippe. Über sie, später in der Mulde links daneben ziemlich gerade empor. Diese Mulde führt genau zum höchsten Punkt, im mittleren Bereich sehr steil.

Abfahrt wie Aufstieg.

Brentenjoch
(Südabfahrt)
Foto:
D. Seibert

Tour 50

SCHLICKE
2059 m

SCHART-SCHROFEN
1968 m

Tannheimer Berge

Das Reintal in den Tannheimer Bergen bietet schöne, aber keine wirklich idealen Tourenmöglichkeiten, dafür wartet es mit einer ganz großartigen, recht wilden Landschaft auf. Man sollte eine Nacht auf der Otto-Mayr-Hütte bleiben, damit man zwei (oder auch drei) Touren durchführen kann; sonst lohnt sich der lange Anmarsch nicht. Eine Warnung: Der Großteil der Touren in den Tannheimer Bergen führt über recht steiles, oft grasiges Gelände; sichere Verhältnisse sind deshalb Voraussetzung.

Talorte und Zufahrten: Roßschläg, 850 m, Weiler an der Straße Musau-Reutte; Parkmöglichkeit beim Gasthaus Bärenfalle. Oder Grän, 1138 m, Wintersportplatz im östlichen Tannheimer Tal mit großer Liftanlage zum Füssener Jöchl; Zufahrt von Norden über Pfronten und durch das Engetal, gute Straße.

Otto-Mayr-Hütte: 1528 m, DAV, 25 Betten, 30 Lager, bewirtschaftet um Weihnachten und Ostern, zudem an allen Winterwochenenden, falls die Verhältnisse nicht allzu ungünstig sind.

Zugang von Roßschläg durchs Reintal: Der einzige immer begehbare Zugang zur Hütte und eine sichere Möglichkeit zur Rückkehr ins Tal. Von Roßschläg 200 m auf der Hauptstraße Richtung Reutte, dann nach rechts zum Gasthaus Bärenfalle. Von hier immer auf dem Ziehweg in langen Schleifen durch Wald zu einer Schulter und dann eben ins Reintal. Wegverzweigung an der Brücke. Weiter am Bach entlang, dreimal die Seite wechselnd, zur Musauer Alm. Wieder durch Wald auf dem Weg weiter und rechts empor zur Hütte. 2½ Std.

Zugang über das Füssener Jöchl: Es reizt natürlich, den Lift von Grän zum Jöchl auszunützen; doch dies hat nur bei besten Verhältnissen einen Sinn, denn die Nordseite des Reintaljochs, vor allem aber seine sehr steile Südseite können gefährlich sein. Man denke auch daran, daß die prallen Südhänge bei Sonne tief aufweichen. Vom Füssener Jöchl hinüber ins Reintaljoch. Drüben nicht gerade hinunter sondern nach Osten ausholen. 1 Std. vom Lift zur Hütte.

Schlicke — Übersicht: Ziemlich steile Südosthänge, bei hoher Schneelage verschwinden die Latschen völlig, im unteren Teil einzelne Fichten; nur bei sicheren Verhältnissen, früh aufbrechen, ausgesprochene Firntour; 1½ Std., max. 530 Hm Abfahrt.

Große Schlicke
(Südabfahrt)
Foto:
D. Seibert

Schlicke — Aufstieg: Es gibt verschiedene Möglichkeiten. Entweder ziemlich direkt über ein paar Steilstufen gegen die Vilser Scharte (zwischen Schlicke und Hahnenkopf), dann parallel zum Grat und auf die deutliche Südwestgratschulter in 1950 m Höhe. Oder dorthin, indem man von der Hütte nur wenige Minuten gerade ansteigt, dann leicht rechts durch eine Schneise emporsteigt und nun solange diagonal nach rechts weitergeht (zwischen Wetterfichten) bis man auf die freien Flächen südöstlich unter dem Gipfel kommt. Von dort ebenfalls auf die Schulter. Kurz über das Gratdach, dann wieder rechts im sehr steilen Hang zum Kreuz. Eventuell die letzten 70 Hm zu Fuß.

Schartschrofen — Übersicht: Gipfelaufbau manchmal verblasen, dann schöner Nordosthang unter dem Joch, unten Querfahrt zur Hütte; ideal bei Pulver, nicht lawinensicher; 1½ Std., gut 400 Hm Abfahrt.

Schartschrofen — Aufstieg: Von der Hütte am besten auf dem vom Reintal heraufkommenden Ziehweg 40 Hm abwärts, bis in dem steilen Gelände eine deutliche Rampe nach Westen zieht. Auf ihr anfangs steigend, dann ziemlich flach in den hintersten Talboden. Beliebig über die idealen Hänge aufwärts und in den linken Einschnitt des breiten Hallergernjochs. Über eine Steilstufe (Latschen, verblasen), dann über das Gratdach. Die letzten Meter zu Fuß zum Kreuz.

Abfahrt wie Aufstieg.

Weitere Möglichkeiten: Eine ganz besondere, jedoch sehr hochalpine Angelegenheit ist die Nesselwänger Scharte (2001 m, 1½ Std.) im oberen Teil überaus steil und wegen der Felsstufe nicht ungefährlich. Nur bei bestem Schnee! Die Route ist klar vorgezeichnet. Etwas weniger anspruchsvoll ist die Gelbe Scharte (zwischen Schartschrofen und Roter Flüh, etwa 1850 m, 1¼ Std., im letzten Abschnitt jedoch ebenfalls sehr steil (Vorsicht!).

Bei gutem Firn und hoher Schneelage bietet auch der **Hahnenkopf** (1942 m, 400 Hm Abfahrt) ein interessantes Ziel. Von der Hütte nach Nordwesten über die teilweise sehr steilen Hänge zum Gipfel.

Schartschrofen
Hallergernjoch
Foto:
D. Seibert

Tour 51

SCHÖNKAHLER

1688 m

Tannheimer Berge

Zur hochwinterlichen Tourenzeit ist das weiträumige Massiv des Schönkahlers von Spuren geradezu überzogen. Doch keine der vielen Möglichkeiten bietet eine ideale Abfahrt. Auf der an sich zügigen Strecke ins Tal der Enge ist man fast die Hälfte der Abfahrt im Wald, während die fast baumfreien Hänge ins Tannheimer Tal von zwei kleinen Gegenanstiegen unterbrochen werden. Letztere Tour ist eine gemütliche, absolut ungefährliche Skiwanderung mit ein paar kurzen, aber reizvollen Hängen.

Übersicht: Hindernislose Wiesen, nie mehr als mittelsteil, sehr aussichtsreich und sonnig, auf der beschriebenen Route lawinensicher, unten westseitig, oben südseitig, deshalb hauptsächlich an kalten Tagen nach Neuschneefällen empfehlenswert; zwei Gegenanstiege von je 10 Min.; 2½ Std., 650 Hm Abfahrt.

Talort und Zufahrt: Wies, 1074 m, im westlichsten Tannheimer Tal, genau gegenüber von Schattwald am Sonnenhang; schöne, zusammenhängende Pistengebiete in Schattwald und Zöblen, etwa 50 km sehr lohnende Loipen im gesamten Tannheimer Tal und bis hinüber nach Oberjoch.

Der lawinensichere **Aufstieg:** Von der Kirche in Wies gerade über die flachen Wiesen zum letzten Haus und auf dem Rücken unmittelbar am Waldrand nach Osten empor. In sehr schönem Skigelände zum Ende des Rückens. Hier werden die Wiesen vom Wald eingeschlossen. Im linken, oberen Wieseneck (rote Markierung) beginnt ein Weg. Er führt nur wenig steigend einige Minuten durch Wald auf neue Lichtungen. Immer den roten Zeichen folgend weit nach rechts und kurz hinab in die Mulde „Alter Hof". Nun wieder über schöne Hänge gerade auf den Pirschling, 1634 m. Sanft abwärts in den folgenden Sattel und über das weite Gelände auf den Gipfel des Schönkahlers mit Kreuz.

Abfahrt wie Aufstieg. Oder vor dem Gegenanstieg zum Pirschling rechts 100 Hm über die Wiesen abwärts und dann waagrechte Querung an der Westseite des Pirschlings (nur bei sicheren Verhältnissen).

Variante: Von Fricken nach Osten (sehr steil) oder von Zöblen nach Norden (auch auf — kühner — Fahrstraße möglich) hinauf nach Oberhalde, 1304 m. Weiter über den nun flachen Rücken, kurz durch Wald und dann nach links zur Route von Wies.

Einstein
Schönkahler (untere Hänge)
Kappl
Foto:
D. Seibert

Im Bereich des Lechtales

Von allen Gruppen der Nördlichen Kalkalpen sind die Lechtaler Berge das schroffste und am stärksten von Lawinen bedrohte Gebiet. So ist hier — trotz der Zahl von zweihundert Gipfeln — für den „Normalskifahrer“ nahezu nichts zu holen. Der erfahrene Hochtourist findet ein paar reizvolle Ziele, die jedoch anspruchsvoll und gefährlich sind; vor allem die riesigen, supersteilen Graspleisen gefährden in hohem Maß die Zugänge durch die Täler. Wer sich mit diesem Gelände ein wenig vertraut machen will, der sammle Erfahrungen an Pleisspitze, Tschachaun und Namloser Wetterspitze. Als Tourenzeit kommt nur das späte Frühjahr infrage nach Abgang der Grundlawinen. In der folgenden Aufstellung sind alle Ziele — wenn nicht anders vermerkt — hochalpin und lawinengefährdet.

Roter Stein (2366 m), unten scharfes V-Tal, oben sehr steile Hänge, Ausgangspunkt: Gröben bei Berwang.

Joch (Hönig, 2052 m), hindernisloser Westrücken, jedoch häufig freigeweht, nicht schwierig, Ausgangsort: Brand bei Berwang.

Tschachaun (2337 m) und **Imster Mitterberg** (2118 m) gehören zu den unschwierigsten und lohnendsten Bergen der Lechtaler Alpen, jedoch 3 km flach im Brentersbachtal; Ausgangsort Namlos; Zugang jeweils durch Faselfeiltal, zum Tschachaun über Kromsattel, zum Mitterberg über Faselfeiljöchl.

Hinterer Sparketkopf (2642 m) durchs Sparketkar (herrliches Hochkar, ähnlich dem Hochglückkar im Karwendel), oben sehr steil, Gipfelaufbau über brüchige Felsrippe (I +); Zufahrt von Imst auf der Hahntennjochstraße so hoch es der Schnee zuläßt.

Im Bereich der **Muttekopf-Hütte** locken die drei großen Kare.

Kogelseespitze (2647 m), schön von der Hanauer Hütte (Winterraum, Zugang durchs Angerletal am Schluß steil), Abfahrt auch über die Kogelseescharte nach Gramais möglich.

Grießlspitze (2830 m), herrliches Skigelände im Langkar, Gipfelgrat lange Kletterei, I + , Parseiertal mit Lawinenkegeln angefüllt; mit Auto bis zur sogenannten Albigen Alp, Ausgangspunkt: Madau.

Samspitze (2625 m) über Alperschonjoch und Knappenböden, Alperschontal sehr lang; Ausgangspunkt: Madau.

Feuerspitze (2852 m), höchster „Ski“-Berg der Lechtaler Alpen, sehr steile Stufe; von Kaisers durchs Kaisertal, lang.

Alplespleisspitze (Südgipfel, 2648 m), ideale, steile Firnhänge ins hinterste Kaisertal, Tal flach und lang; Ausgangspunkt: Kaisers.

Guflespitze (2577 m) über Westrücken und Südwesthänge, hindernislos, aber sehr steil; Ausgangspunkt: Kaisers.

Auch die ins Lechtal hinabführende Südseite des Allgäuer Hauptkammes bietet ein paar — ebenfalls sehr hochalpine und anspruchsvolle — Frühjahrsfahrten, von denen hier wenigstens drei erwähnt sein sollen:

Klimmspitze (2464 m), teilweise sehr steile südseitige Hänge, Lichtungen und Waldpassagen, sehr hoher Gipfelaufbau; Ausgangsort: Klimm bei Elmen.

Wolekleskarspitze (2522 m), durchs Haglertal und das Wolekleskar von Häselgehr aus, sehr schön, Gipfelaufbau sehr steil und anspruchsvoll.

Hohes Licht (2651 m), Südwestrücken sehr steil und gefährlich, unterer Teil des Hochalptales mühsam; Ausgangspunkt: Untere Hochalphütte an der Straße Steeg-Warth.

Tour 52
PLEISSPITZE
2225 m
Lechtaler Alpen

Bei entsprechenden Verhältnissen und zur richtigen Tageszeit ist die Pleisspitze ein herrlicher Skiberg, zur unrechten Zeit jedoch wird sie zur lebensgefährlichen Lawinenfalle. Die Kössener Schichten, aus denen dieser nördliche Nachbar der Gartnerwand aufgebaut ist, schaffen nicht nur die runden, skifahrerfreundlichen Hänge sondern auch die überaus gefährlichen Graspleisen (Name!).

Übersicht: Oben hindernislose Südosthänge, dann ostseitige Böden, unten steiles V-Tal; ausgesprochene Frühjahrstour, erst zu verantworten, wenn die großen Lawinen heruntergekommen sind; mittelschwer; 3¼ Std., 1160 Hm Abfahrt.

Talort und Zufahrt: Lermoos, 994 m, bekannter Wintersportort im landschaftlich so schönen Ehrwalder Becken mit großen Liftanlagen am Grubigstein und schönen Langlaufmöglichkeiten. 2 km Zufahrt zum Ortsteil Untergarten, 1060 m.

Aufstieg: Von der Kirche auf der Dorfstraße nach Westen hinauf zum letzten Haus. Auf dem Ziehweg über eine Wiese, dann eben hinein ins Gartnertal. Links des Baches durch das anfangs noch harmlose Tal. Doch dann folgt fast ohne Unterbrechung ein Lawinenstrich dem anderen. Bis in 1280 m Höhe bleibt man am linken Ufer; wo drüben erstmals der Wald bis zum Bach herabreicht, überquert man diesen und steigt nun am rechten Ufer hinauf zu den Gartneralmen, 1399 m. Über weite, flache Hänge nach Südwesten, bis sich das Tal wieder schärfer einschneidet. Nun hält man sich am besten an einen Rücken in der Mitte des Tales, der nur von einzelnen Bäumen bestanden ist. An einem Hüttchen vorbei, dann in herrlich freiem Gelände anfangs noch auf der Geländestufe, dann nach links in das schmale Kar. Im Tälchen aufwärts, bis die Hänge unter dem Sommerbergjöchle steiler werden. Erst jetzt nach rechts auf eine Schulter und durch die auffallende Mulde dahinter in eine Lücke im Südrücken. Der Rücken ist links meist aper, rechts bildet er eine große Wächte. Auf dem breiten Schneestreifen dazwischen, anfangs ziemlich steil, zum Gipfelgrat und hinüber zum Kreuz (mit Buch).

Abfahrt wie Aufstieg.

Gartnertal
Pleisspitze
Foto
D.Seibert

Tour 53
GALTJOCH
2112 m
Lechtaler Alpen

Dieser auffallend abgerundete, meist leuchtend weiße Kopf zeigt recht deutlich seine Ski-Qualitäten. Bei der Abfahrt läßt sich jedoch der Wald nicht ganz vermeiden. Das Galtjoch gehört zu den seltenen Bergen, die man bei hoher Schneelage von Weihnachten bis in den April hinein immer anpacken kann, da sich — bei richtiger Routenwahl — die Lawinengefahr auf ein Minimum beschränkt.

Übersicht: Südhänge, Ostrücken und kurzer Ziehweg; mittelschwer; 3 Std.; 1000 Hm Abfahrt.

Talorte und Zufahrt: Rinnen, 1271 m, auf einer Wiesenterrasse über dem Rotlechtal, Ferienort mit Gasthöfen und Privatquartieren im Bereich von Berwang (zahlreiche Lifte, Skiwanderweg).

Die Zufahrt erfolgt aus dem Ostallgäu (Füssen oder Pfronten) über Reutte, aus dem Werdenfelser Land über Lermoos und über Bichlbach nach Berwang und weiter nach Rinnen (max. 10 % Steigung); von Bichlbach (Eisenbahnhaltestelle) auch Busverkehr bis Berwang.

Aufstieg: Von Rinnen schräg südlich, den Skimarkierungen nach, über die Wiesen abwärts zum Rotlech und vor dem Waldbeginn über die Brücke. Jenseits auf breitem Ziehweg durch Wald empor zu den Rotbach-Hütten. Nun über die Wiesen gerade nach Norden zum Waldrand und leicht schräg rechts in einer Schneise auf ein ebenes Wiesenfleckerl. Kurz durch den Wald, dann nach links zu den nächsten Blößen. Weiter durch das leicht bewaldete Gelände nach links zur Ehrenbichlalm. Nun entweder gerade durch den Wald und dann nach links auf die freien Hänge, oder gleich nach links über den Bach und sehr schön aber steil jenseits über die Wiesen empor. Nun über die weiten Böden zum Ostrücken und auf ihm zum Gipfel.

Abfahrt wie Aufstieg.

Galtjoch
Schwarzhanskarspitze
Berwang
Foto
Thorbecke

Tour 54

HINTERE STEINKAR-SPITZE

2215 m

Lechtaler Alpen

Ein lohnender, abgelegener und deshalb wenig bekannter Skiberg in der Liegfeistgruppe (nördliche Lechtaler Alpen). Der Zugang ist auf jeden Fall ein wenig kompliziert — entweder muß man relativ weit mit dem Auto fahren (durch das Namloser Tal nach Kelmen) oder ziemlich lange zu Fuß aufsteigen (von Rinnen durchs Rotbachtal). Wegen der steilen, ostseitigen Hänge wäre Firn der richtige Schnee.

Übersicht: Oben freier, breiter und steiler Rücken, dann entweder Alpböden und ein langgestrecktes Tal, oder schöne südseitige Lichtungen; nur bei sicherem Schnee; von Kelmen 2½ Std., von Rinnen gut 4 Std., 1160 Hm (Gegenanstieg) nach Rinnen, 830 Hm Abfahrt nach Kelmen.

Talorte und Zufahrten: Rinnen, 1271 m, siehe Tour 53; bzw. Kelmen, 1365 m, oberster Ort im Namloser Tal, beschränkte Parkmöglichkeiten, Zufahrt siehe Tour 55.

Aufstieg von Rinnen: Wie bei Tour 53 zu den Rotbachhütten. Hier nun im Tal weiter — man bleibt dabei immer auf dem Weg rechts oberhalb des Baches. Beim ersten von rechts herabkommenden Bacheinschnitt ein Stück in diesem empor, dann nach links auf die Rippe und flach hinüber zum zweiten Bacheinschnitt. Parallel zu ihm genau nach Westen aufwärts auf freie Flächen. Nach gut 100 Hm mehr nach links und an den Fuß des breiten, schon lange sichtbaren Ostrückens. In der Südflanke dieses Rückens mit Ski — ziemlich steil — bis zum Gipfel (hohe Schneelage angenehm).

Aufstieg von Kelmen: Vom obersten Haus in Kelmen gibt es zwei Möglichkeiten. Entweder erst stark nach links, dann ziemlich gerade zu dem Kreuz am Ostfuß des Wetterkreuzes (Kelmer Jöchl); steil und lawinös. Oder sich anfangs mehr rechts haltend in ein schwach ausgeprägtes Tälchen und über Lichtungen schräg links aufwärts; einfacher, aber etwas mehr Wald. Vom Jöchl sehr steile Querung (kann auch durch 100 Hm Abfahrt nach Norden umgangen werden) ins Steinkar und nach rechts zum Ostrücken. Weiter wie oben.

Abfahrten wie Aufstiege.

Hintere Steinkarspitze
Knittelkarkopf
von
Kelmen
von
Rinnen
Foto:
D. Seibert

Tour 55

NAMLOSER WETTERSPITZE

2553 m

Lechtaler Alpen

Der Liebhaber von rassigen und zügigen Abfahrten wird an der Namloser Wetterspitze voll auf seine Kosten kommen. Bei den oberen 800 Hm folgt ein Steilhang dem anderen, aber auch im unteren Teil geht es flott talaus. Doch beim Anpreisen dieser Fahrt sollte man sich etwas zurückhalten, denn kaum eine andere Tour ist so stark von Lawinen bestrichen. Am besten, man kommt erst im April oder Mai hierher, wenn der Schnee aus den überaus steilen Grashängen schon heruntergekommen ist.

Übersicht: 800 m hohe, teilweise sehr steile Hänge, südwest- und westseitig, dann breiter Talboden und breite Terrasse (kurze Unterbrechung); sehr stark von großen Lawinen bestrichen, deshalb nur bei absolut sicheren Verhältnissen im Frühjahr; früh aufbrechen; 3½ bis 4 Std., 1250 Hm Abfahrt.

Talort und Zufahrt: Stanzach im mittleren Lechtal, 939 m, Ferienort im Sommer. Von dort auf schmaler aber ordentlicher Straße 8 km Richtung Namlos, dann auf ganz kleiner, holperiger Straße bis Fallerschein (1302 m, 2 km), ehemaliges Almdorf, jetzt „Ferienhaussiedlung“ (dieses Sträßchen ist nur im späten Frühjahr befahrbar).

Aufstieg: Auf der großen Terrasse nach Süden, dann dem Sommerweg folgend zwischen einigen Bäumen hindurch. Man kommt an eine Engstelle des Tales, die man am sehr steilen Hang auf dem Sommerweg quert. Beliebig über die oft völlig von Lawinen bedeckten hinteren Böden. Vor dem Talschluß hält man sich links und kommt so in den linken, hintersten Winkel. Hier öffnet sich nun eine nach Osten emporziehende steile Mulde, die in zwei Stufen zum Kreuzjoch am Gipfelfuß hinaufführt (man hält sich etwas an die linksseitigen Hänge). Vom Joch zieht eine sehr steile Rampe schnurgerade empor. Über die letzten, wieder etwas flacheren Böden zum Gipfel.

Abfahrt wie Aufstieg.

Foto D.Seibert

Blick nach Nordwesten

Tour 56
GÜMPLESPITZE
2518 m
KRABACH-SPITZE
2522 m
Lechtaler Alpen

Wer im Frühling Skiurlaub im Gebiet von Lech macht und an einem Sonnentag einmal vom Pistenfahren die Nase voll hat, sollte diese kleine Spritztour rund um die Rüchispitze ausprobieren. Dabei wird ihm keine Großabfahrt serviert, nur ein paar kleine, aber durchaus lohnende Hänge — und dies für ein Minimum an Aufstiegsmühen. Man wird nämlich die Bahn zum Rüchikopf ausnützen und damit 900 m Höhe gewinnen.

Übersicht: 1. Abfahrt: nordostseitig, teilweise steil; 2. Abfahrt: rein südseitig, im oberen Teil steil, läßt sich an beliebiger Stelle abbrechen; 3. Abfahrt: süd- und südwestseitig mit kurzer, aber sehr steiler Stufe; 4. Abfahrt: Pisten unter der Pazielalp; nur bei sicherem Firn und nebelfreiem Wetter; mit Abfahrt 3 bis 5 Std., maximal 1400 Hm Abfahrt.

Talort und Zufahrt: siehe Tour 57.

Aufstiege und Abfahrten: Von Lech mit der Seilbahn auf den Rüfikopf (Rüchikopf, 2340 m ist die Bergstation hoch). Rechts um den höchsten Punkt herum und Abfahrt nach Osten in den Boden des **Ochsengümple** (nicht versuchen, die äußerst lawinösen Nordhänge der Rüchispitze zu queren). In der Mulde nach Osten auf den Rauhen Kopf zu, dann rechts steiler in die **Rauhekopfscharte** (2415 m). Drüben — anfangs steil — 100 Hm hinab, bis man links um die Steilhänge des Rauhen Kopfes herum die Südwestseite der **Krabachspitze** erreicht. Steil auf diesen Gipfel. Wer Spaß daran hat, wird nun über die anfangs steilen Hänge, dann weiten Böden zum oberen **Langboden** hinabschwingen, ja, er kann die Abfahrt bis zur Fürmesgumpalp fortsetzen, muß dafür aber um so weiter wieder hinaufsteigen (eine gute Stunde von der tiefsten Stelle bis in die Eisenscharte). Diese Einsattelung liegt unmittelbar am Südfuß der Gümplespitze, der Zugang von Osten ist steil (Vorsicht!). Ganz Faule queren gleich von der Rauhekopfscharte in die **Eisenscharte** (nur 10 Min.). Von der Scharte zu Fuß über den Schrofengrat auf die **Gümplespitze.** Dann Abfahrt anfangs nach Südwesten, später genau nach Süden durch das schöne Hochkar am Fuß der Rüchispitze. In 2100 m Höhe rechts des hier schärfer eingeschnittenen Baches über die sehr steile Stufe hinab. Schräg nach rechts ins Pazieltal und auf der Piste weiter.

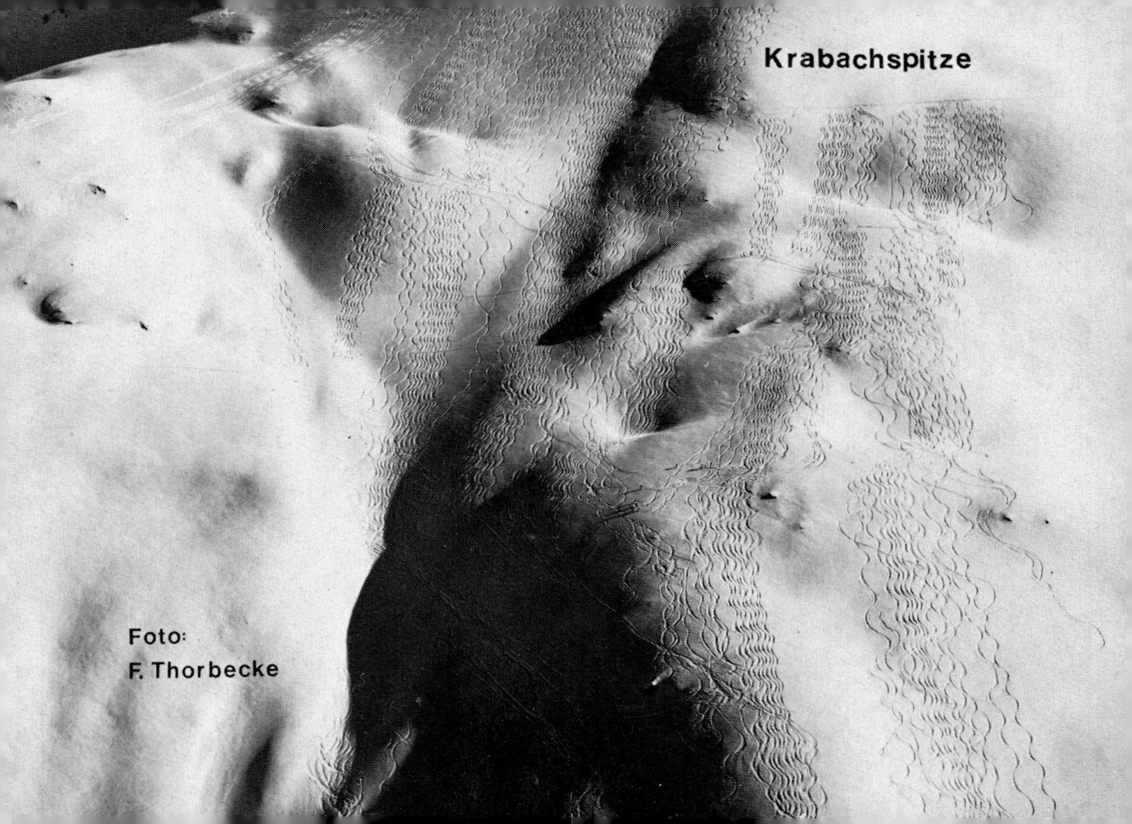
Krabachspitze
Foto:
F. Thorbecke

Tour 57

OBERER SCHAFBERG

2652 m

Lechquellengebirge

Für den Skigipfel des Spuller Schafbergs, einen breiten, behäbigen Kopf, hat sich der unsinnige Name „Mehlsack" eingebürgert. Er bietet eine überaus rassige, sehr anspruchsvolle Abfahrt nach Norden — waldfrei über 1100 Höhenmeter! Es wäre Leichtsinn, diese Fahrt mit ihrer schrofigen Querung früher als Ende März auf das Programm zu setzen.

Übersicht: Im allerobersten Abschnitt ein Firnrücken, dann eine nordseitige Mulde, eine kurze, leicht schrofige Stufe, dann ein riesiger nordseitiger Steilhang bis ins Tal hinab; lawinengefährdet, ausgesprochene Frühjahrs-Firntour; Aufstieg 4 Std., 1100 Hm Abfahrt.

Talort und Zufahrt: Lech, 1446 m, eine der bekanntesten Skistationen Österreichs, vier große Pistengebiete in Lech und dem benachbarten Zürs, interessante Loipe ins oberste Lechtal; Zufahrt mit Pkw im Frühjahr nach Lech von Norden aus dem Brgenzerwald oder aus dem Lechtal über Warth (manchmal gesperrt), sonst von Süden über den Flexenpaß. Von Lech mit Pkw bis Zug, 1510 m.

Aufstieg von Zug: Auf der Talstraße bis 600 m hinter die Rutalpe. Auf einem Fahrweg links ab und etwas links zurück zu einer Brücke über den Lech. Drüben noch kurz am Bach entlang, bis man die freien Hänge über sich hat. Auf dem anfangs noch relativ schmalen freien Streifen mittelsteil empor zu dem gewaltigen Steilhang unter unserem Gipfel. Über ihn ziemlich gerade hinauf auf den tiefsten linken Felsfuß der Gipfelwände zu (2160 m). Unter ihm zieht eine Steilrampe nach links. Man verfolgt sie, bis die Wände oberhalb in eine nur noch ganz niedrige Schrofenstufe übergehen. Über diese zu Zeiten völlig verschneiten Schrofen recht steil hinauf und in das Schneetal. Dieses führt in den Sattel zwischen dem Oberen Schafberg und dem Spuller Schafberg. Über den zuerst etwas schmäleren, bald jedoch breiten Rücken zum Gipfel.

Abfahrt wie Aufstieg.

Die **anderen Zugänge** bieten kaum Vorteile. Bei einer Benützung der Lifte von Zürs zum **Mahdlochjoch** und einer Abfahrt über die äußerst steilen Hänge von Gafell ist man zeitlich reichlich spät dran. Ein Zugang durch das sehr lawinöse **Stierloch** bereitet kaum weniger Mühe als der direkte Nordanstieg.

Oberer Schafberg
Foto:
F. Thorbecke

Tour 58

GRUBEN-SPITZEN

2659 m und 2607 m

Lechquellengebirge

Die Große Grubenspitze gehört zu den mächtigsten Felsbergen des Lechquellengebirges. Sie bietet vom Flexenpaß und auch von der Ravensburger Hütte aus spannende Aufstiege, erfordert aber Erfahrung in steilem Schnee und verschneitem Fels. Man wird die Fahrt erst im Frühjahr bei sicherem Firn auf das Programm setzen, ja, man kann sie sogar noch im Mai durchführen.

Übersicht: Hochalpine Frühjahrstour, für reine Skifahrer nicht so interessant; ostseitige, völlig freie, teilweise steile Hänge, sehr steiler Aufstieg in die Scharte (manchmal durch Wächte ernsthaft erschwert), die letzten Meter meist zu Fuß; Gipfelaufbau 100 Hm hoch mit einiger Kletterei (I + im Sommer); nur bei absolut sicherem Schnee, früher Aufbruch wichtig; 3 Std., Abfahrt 780 Hm.

Talort und Zufahrt: Zürs, 1716 m, Hoteldorf in einer etwas kahlen Landschaft knapp nördlich des Flexenpasses, weltberühmtes Pistengebiet (zum Beispiel Mahdloch); Zufahrt im Winter zu Zeiten nur von Süden über die Flexenstraße möglich; bei freien Straßen auch von Norden aus dem Bregenzerwald oder aus dem Lechtal.

Aufstieg: Vom Flexenpaß schaut man nach Westen in das Zürser Täli, das vom Stubenbach durchflossen wird. Rechts des Baches über schöne Hänge bis in 2100 m Höhe. Nun über den Bach und auf die Flexenspitze zu. Der Ostgrat dieses Gipfels bildet einen breiten Gratfuß. Hierher eventuell auch mit Seekopf- und Muggengratbahn und kurzer Abfahrt. Unter ihm nach links hindurch und durch die Steilmulde gegen das Grubenjoch (2465 m). Die letzten Meter sind schrofig (sehr steil), manchmal große Wächte. Vom Joch nach Süden durch eine schöne Mulde unter den Ostgratfuß der Großen Grubenspitze. Zu Fuß an den Gratansatz und über die steilen Felsen — am besten rechts in einer Rinne — zum Gipfel. Die Schwierigkeiten hängen ganz von den Verhältnissen ab (eventuell Pickel angenehm). Nette, exponierte Kletterei auch über den Grat nach links auf die Kleine Grubenspitze.

Von der Ravensburger Hütte kommt ein Aufstieg im Bogen um das Spullersbühel und durch die Große Wildgrube herauf, der skitechnisch lohnender als die Ostroute ist. Die Hütte ist jedoch im Winter nicht bewirtschaftet und zudem nur umständlich zu erreichen.

Abfahrt wie Aufstieg.

Kleine Grubenspitze
Grubenjoch
Piste
Foto
F. Thorbecke

3. Samnaunberge

Diese mächtige Berggruppe zwischen Inn- und Paznauntal bietet eine erstaunliche Fülle schönster Skitouren. Dennoch ist sie relativ wenig bekannt — von einigen Gebieten wie dem Komperdell abgesehen. Wäre nicht an vielen Stellen der Zugang durch die Täler im Frühjahr problematisch oder gar unmöglich, würde nahezu jeder Gipfel des Gebietes als lohnendes Skiziel in Frage kommen.

Hier ein paar weitere Möglichkeiten:

Schönjöchl (2493 m), ideal von Fiß über die Frommesalpe (Lifterschließung geplant!), ebenso schön über die Nordwesthänge von der Landecker Skihütte.

Brunnenkopf (2682 m) und **Hinterer Sattelkopf** (2670 m) aus dem hintersten Urgtal (Lawinen) über herrliche, freie Hänge.

Dialkopf (2398 m) vom Zirmeck möglich (Lifte von Landeck).

Gatschkopf (2588 m), bei sicherem Firn über steile Süd- und Osthänge von der Landecker Skihütte.

Gamsbergspitze (2839 m), von der (nicht bewirtschafteten) Ascherhütte zur Spinnscharte und dann zu Fuß über den Grat.

Rotpleiskopf (2938 m), mächtiger Gipfel, von der Ascherhütte unter die Spinnscharte, dann über den oben sehr steilen Nordwesthang, rassig und hochalpin, Gipfel zu Fuß.

Kübelgrubenkopf (2870 m), herrliche Skitour von der (nicht bewirtschafteten) Ascherhütte über Kübelgrubenschrate, Zufahrt mit Medrigliften von See.

Furgler (3004 m), Aufstieg auch von den Medrigliften über das Furglerjoch (schöner jedoch vom Kölner Haus, siehe Seite 123).

Minderskopf (2780 m), südlich des Masnerkopfes (siehe Seite 128), leicht von der Mindersscharte über den Nordgrat, am Schluß zu Fuß.

Gmairerkopf (Ochsenkopf, 2914 m) von der Hexenseehütte zur Ochsenscharte und von Süden zu Fuß zum Gipfel.

Es gibt einige „schnelle" Skiziele im Bereich der Alp-Trida-Lifte:

Grüblekopf (2894 m), **Munt da Chierns** (2690 m), **Piz Crappa Grischa** (2800 m), Gipfelaufbauten teilweise zu Fuß.

Piz Chamins (2928 m) bei Samnaun, durch die Val Gravas, unten steil und lawinös, dann 600 Hm makellose Hänge.

Piz Malmurainza
Foto:
P. Seibert

Tour 59

ZWÖLFERKOPF

2596 m

PLANSKOPF

2804 m

Samnaunberge

Der nordöstliche, gegen Landeck vorspringende Teil der Samnaunberge wird durch das tief und scharf eingeschnittene Urgtal in zwei Kämme zertrennt. In der Mitte des Tales liegt die private Landecker Skihütte, ein Stützpunkt für ein halbes Dutzend teilweise anspruchsvoller Skiziele. Das einfachste unter ihnen ist der Zwölferkopf mit seinen herrlichen Nordhängen. Lifte am Schönjöchl geplant.

Übersicht: Im oberen Bereich hindernislose Nordhänge, je nach Route steil oder mittel, unten langgestrecktes Tal; über Fisserjoch praktisch lawinensicher; ausgesprochene Pulverschneetour; 5 Std. ab Hochgalmigg, 1380 Hm Abfahrt.

Talort und Zufahrt: Hochgalmigg, 1218 m, kleines, verschlafenes Dorf 400 m über dem Inn an den steilen Hang geklebt; Gasthof, Privatzimmer; gute Straße (Ketten), beschränkte Parkmöglichkeit bei der Kirche.

Aufstieg: Von der Kirche auf der Straße in zwei Kehren zum obersten Haus. Von hier auf einem Fahrweg eben zum Waldrand. Weiter im dichten Wald, bei der Verzweigung benützt man den oberen Weg. Quer über eine weite Almwiese und den anschließenden, sehr steilen Wald auf die freien Hänge im mittleren Teil des Urgtales. Über die Brücke nach links zur schon vorher sichtbaren **Landecker Skihütte** (1766 m, Eigentum des Skiklub Landeck, Auskunft und Schlüssel dort, Selbstversorgung, 25 Plätze).

Gleich hinter der Hütte schräg nach links durch den Wald, bis man auf die freien Hänge der Fisser Alpe trifft. Sich noch links haltend in eine große, freie Mulde. Die sie im Süden abschließende Steilstufe umgeht man rechts. Nun entweder (lawinensicher) schräg nach links aufwärts in die Mulde unter dem Fisserjoch. Man steigt gerade empor bis auf den Hauptkamm und erreicht schließlich über den breiten, oft verblasenen Rücken den Gipfel. Oder (wesentlich steiler) gleich über die stark gegliederten Nordhänge beliebig direkt zum höchsten Punkt.

Abfahrt wie Aufstiege. Oder man wandert über den Grat zum Oberen Sattelkopf (2596 m, 30 Min.) hinüber und fährt über die makellosen Nordhänge zur Lader Urgalpe ab (nur bei sicherem Schnee).

Eine herrliche Abfahrt bieten auch die Nordosthänge und -mulden des **Planskopfes** (2804 m, 3 Std. ab Hütte) ins hintere Urgtal.

Tourengebiet 6
(Tour 60–65)
KÖLNER HAUS
Samnaunberge

Der Nordzug der Samnaunberge bietet viele Skiziele, die jedoch teilweise schwer zu erreichen sind, da nur an den beiden Enden des langen Kammes, bei Komperdell und auf der Alp Trida, Stützpunkte den Bergsteiger beherbergen. Auf Komperdell steht das bequeme Kölner Haus des DAV, das inzwischen von einem ganzen Netz von Liften umgeben ist; so lassen sich das Pisten- und das Tiefschneefahren hier in idealer Weise verbinden. An diesen bis über 3000 m aufsteigenden Bergen findet der Interessierte Ziele der verschiedensten Schwierigkeiten.

Talort und Zufahrt: Serfaus, 1427 m, ein aufstrebender Skiort auf einer sonnigen Terrasse hoch über dem Oberen Inntal, autofreie Hauptstraße. zwei große Bahnen nach Komperdell und zahlreiche Lifte; Skiwanderwege um Serfaus in sehr aussichtsreicher Lage über 23 km. Zufahrt von Landeck inntalaufwärts bis Ried, von hier auf einer neu ausgebauten Straße über Fiß nach Serfaus. Parkplatz am Ortsrand.

Zugang zur Hütte: Er bereitet nicht die geringsten Mühen, da man mit der Seilbahn bis vor die Türe fahren kann.

Die Hütte: DAV, 41 Betten, 30 Matratzen, bew. von Weihnachten bis in den April, vorherige Anmeldung empfehlenswert, Tel. 0 54 76 / 214.

① **Furgler**, 3004 m

Ein mächtiger, felsiger Kopf, ein klassischer Skiberg, den man bei günstigen Verhältnissen bis zum Gipfel mit Ski begehen kann.

Übersicht: Osthänge, deshalb Aufbruch vor dem Beginn des Liftbetriebes dringend zu empfehlen; Firnberg, eventuell aber auch bei Pulver, nicht lawinensicher; 3 Std.; 1050 Hm Abfahrt zum Haus, 1550 Hm Abfahrt bis Serfaus (Tiefschnee und Piste).

Aufstieg: Etwa 10 Min. im Bachtal einwärts, dann schräg rechts an den Hängen empor zur Kerbhütte und sich etwas links haltend in den hintersten, kleinen Kessel. Mit einer Rechtsschleife zum Furglersee und in dem engen Tälchen genau nach Westen bis unter das Furglerjoch. Nun sehr steil nach links empor auf eine Schulter und über Böden und schrofige Stufen zum Gipfel. Eventuell auch zu Fuß ab Furglerjoch über den Nordostgrat.

Abfahrt wie Aufstieg.

② **Glockspitze,** 2846 m

Dieser Gipfel ragt unmittelbar westlich der Glockscharte (Scharte zwischen Blankakopf und Kübelgrubenkopf) im Hauptkamm auf, ein unbedeutender Berg, mehr eine Schulter des Blankakopfes, ein relativ einfach zu erreichendes Ziel.

Übersicht: Meist Südhänge, welliges Gelände mit kurzen Steilstufen, nur mäßig lawinengefährdet; 2¾ Std.; Abfahrt bis zum Kölner Haus 840 Hm, bis Serfaus 1340 Hm.

Aufstieg: Wie bei ① zum Furglersee. Hier nach Nordosten in wenigen Minuten auf eine kleine Stufe und links durch den deutlichen Einschnitt zwischen zwei Felsköpfen auf das Seenplateau. Flach nach Nordosten bis hinter den Blankasee. Über eine kurze Stufe und durch ein Tälchen in die Glockscharte (nur die allerletzten Meter sind steil). Noch mit Ski um einen kleinen Felskopf nach Westen, dann zu Fuß — am besten etwas rechts des Grates — ziemlich steil zum Gipfel.

← zum Furgler
Furglerjoch
von
Komperdell
Foto:
R. Mathis

③ **Blankakopf,** 2892 m

Da der Grat zwischen Glockspitze und Blankakopf von ein paar schroffen Felsköpfen, deren Überschreitung Schwierigkeiten bereiten kann, unterbrochen wird, sei hier ein direkter, allerdings steiler Zugang von Süden beschrieben.

Übersicht: Südhänge, teilweise steil, nur bei ganz sicheren Verhältnissen (Firn); steile Gipfelrinne zu Fuß; 2¾ Std.; Abfahrt 800 Hm zum Kölner Haus, 1300 Hm nach Serfaus.

Aufstieg: Wie bei ② auf das Seenplateau. Zwischen Oberem Glockhausersee und Blankasee hindurch. Hier gerade über eine kurze, sehr steile Stufe genau auf den Blankakopf zu in ein kleines Kar am Fuß dieses Berges. Von diesem Kar zieht eine große Rinne fast zum Gipfel hinauf, rechts daneben verbirgt sich hinter einer Rippe eine kleinere Rinne. Sie ermöglicht den Aufstieg. Mit Ski so hoch wie möglich (bis etwa 2780 m), dann zu Fuß durch die ganz schmale, sehr steile Rinne auf den obersten Ostgrat und in wenigen Minuten zum nahen Gipfel.

Abfahrt wie Aufstieg. Bei sicherem Firn kann man auch etwa dem Sommerweg folgend über den Unteren Glockhausersee abfahren (zügiger).

④ **Pezid,** 2770 m

Ein auffallend weißer Berg mit zwei fein zugespitzten Gipfeln, die nahe nebeneinander liegen, und einem makellosen Riesenhang nach Norden; am schönsten bei Pulver, aber auch bei Firnschnee lohnend; ist der Gipfelhang lawinengefährlich, so steigt man in die Ostgratscharte auf.

Übersicht: 1½ bis 2 Std. vom obersten Lift; Abfahrt bis zum Kölner Haus 900 Hm, bis Serfaus 1400 Hm, jedoch mit Gegenanstieg.

Aufstieg: Will man es sich gemütlich machen, fährt man mit dem ersten Lift auf den Lazid, schwingt nach Norden hinab und läßt sich vom nächsten Lift auf die Schneid, 2429 m, schleppen. Jenseits schräg am Hang abwärts ins Ladermoos. Nun nach Süden über die Hänge aufwärts, rechts ziemlich steil in die Scharte zwischen den beiden Gipfeln und kurz zu Fuß nach Norden auf den höchsten Punkt. Bei Lawinengefahr peilt man den tiefsten Sattel im Süden an, steigt zu Fuß über den Grat empor, der je nach Schneebeschaffenheit einfach bis schwierig ist, und erreicht über den Südgipfel den höchsten Punkt.

Abfahrt wie Aufstieg.

⑤ **Hexenkopf,** 3035 m

Dieser Gipfel ragt mächtig aus dem Kamm empor. Felsdurchsetzte Hänge nach Norden und Süden stempeln eine Besteigung zu einem hochalpinen Unternehmen für das Frühjahr. Unerfreulicherweise schieben sich die Komperdell-Lifte immer weiter nach Westen vor. 1981 hatten sie die Mesneralp erreicht. Es ist wirklich ein völlig unnötiges Unterfangen, die meist flachen und weit auseinanderliegen-

den Jöcher südlich des Kammes mit Liften und — uninteressanten — Pisten zu verbinden.

Übersicht: Steile, felsdurchsetzte Südhänge, hochalpin, nur für Firn; 2 Std. von der Mesneralp, 1180 Hm Abfahrt zum Kölner Haus, bis Serfaus, 1680 Hm.

Aufstieg: Mit den Liften zur Mesneralp und durch ein Tälchen und über eine ganz kurze, aber sehr steile Stufe in einen kleinen Kessel. Nach rechts auf den Südrücken und so hoch wie möglich mit Ski. Schließlich zu Fuß zum Gipfel.

Abfahrt (zwei Gegenanstiege) wie Aufstieg.

⑥ **Masnerkopf,** 2828 m

Ausweichziel bei Zeitmangel oder Lawinengefahr. Vom Hexensattel (siehe ⑤) mit Ski in 20 Min. zum Gipfel.

2804
Planskopf
2892
Blankasee
Furglerjoch
2748
Furgglersee
Komperdel
Stillegg
2670
Bergli
Furgler
3004
Kerbhütte
Kölner Haus
1965
alpe
Tieftalsee
2346
2877
Lawenskopf
Scheid
2429
Lazidkopf
Plattkopf
2893
Ladermoos
Mooshütte
Arrezkopf
2845
2685
Masnerjoch
Lawensalpe
Hexenkopf
3035
2587
2770
Arrezjoch
Pezid
2654
Riefenkopf
Hexenseehütte
Hexensattel
Mesneralpe
Masnerhütte
2578
Ht. Heuberg
2828
Masnerkopf
Geierskopf
2580
Schafberg
2560
Minderskopf
1
2
3
4
5
6
6

Tour 66

PIZ MALMURAINZA
3038 m

PIZ SALET
2971 m

Samnaunberge

Wer durch das Samnauntal emporfährt, wird es kaum für möglich halten, daß die beim Pfandshof ausmündende Val Sampuoir zwei sehr schöne Skiziele verbirgt. Nur der Anfang dieses scharf eingeschnittenen Tales ist etwas unangenehm, dann öffnen sich weite, hindernislose, allerdings teilweise steile Hänge. Der Piz Malmurainza ist das anspruchsvollere und interessantere der beiden Ziele.

Übersicht zum Piz Malmurainza: 900 Hm über völlig freie, teilweise sehr steile Hänge, nord- bis ostseitig, dann V-Tal und schließlich Fußweg im Wald; Schneebrettgefahr an den Steilhängen, Lawinenstriche im Tal; früher Aufbruch wichtig; letzter Gipfelaufbau zu Fuß, steil, bei hartem Schnee Pickel oder Steigeisen angenehm; 5 Std., 1470 Hm Abfahrt.

Talort und Zufahrt siehe Tour 67.

Aufstieg zum Piz Malmurainza: Parken beim Pfandshof, 1507 m, an der schweizerischen Samnaunstraße, 3 km östlich von Compatsch. Beginn des Fußwegs bei der Kiesgrube. Durch den Wald schräg rechts aufwärts, drei Lawinenstriche überquerend, nach Plan God Nair (= Schwarzwaldboden; eine Lichtung). Weiter am Hang entlang über Lichtungen und durch Wald in den Talboden. Über die Brücke und drüben weiter hinein nach Las Eras, 2100 m, Talverzweigung. Rechts des linken Baches über die erste Steilstufe, dann entweder in 2240 m Höhe oder 2360 m Höhe nach links ins Tälchen. Gerade auf den Steilhang unter der Fuorcla d'Alp zu und sehr steil in den weiten Sattel hinauf. Weiter über den schönen, ebenfalls sehr steilen Nordosthang gegen den Gipfel. Die letzten 50 Hm steil zu Fuß, rechts oder auch links um die Felsen herum.

Der Piz Salet: Dieser Gipfel ist etwas weniger steil, der Aufstieg zieht sich jedoch mehr in die Länge, etwa 30 Min. mehr als der Piz Malmurainza. Wie oben nach Las Eras. Immer im Haupttal weiter in den hintersten Boden. Über herrliche Hänge in die Fuorcletta (2804 m, das letzte Stück steil). Steil etwas links ausholend gegen den Gipfelaufbau und zu Fuß zum höchsten Punkt.

Abfahrten wie Aufstiege.

Fuorcla d'Alp
Piz Salet
VAL SAMPUOIR
Piz Salet
Foto
P.Seibert

Tour 67
MUTTLER
3294 m
Samnaunberge

Der Hauptgipfel der Samnaunberge fällt von allen Seiten als mächtige Pyramide, die ihre Umgebung gewaltig überragt, ins Auge. Die Besteigung — nur im Frühjahr! — ist anspruchsvoller, als es mancher Muttler-Stürmer vorher erwartet hat. Man muß 1450 Höhenmeter überwinden, zudem kann der steile Gipfelaufbau bei hartem Schnee Pickel oder Steigeisen erfordern. Die kurze Val Maisas ist zudem scharf eingeschnitten und von Lawinen bestrichen; man geht am besten erst nach Abgang der Grundlawinen.

Übersicht: Je nach Verhältnissen an der sehr steilen Gipfelpyramide Skidepot zwischen 2900 m und 3200 m Höhe, riesige, makellose, nach unten flacher werdende Hänge, dann scharfes V-Tal; Gipfelaufbau je nach Schnee unschwierige Stapferei (oder Gehen auf freigeblasenem Schieferschutt) oder unangenehmer Hartschnee-Steilanstieg; nur bei ganz sicheren Verhältnissen; 4½ Std., 1050 bis 1350 Hm Abfahrt.

Talort und Zufahrt: Samnaun, 1840 m, bekannter Ferien- und Skiort auf schweizerischem Boden, jedoch zollfreies Gebiet. Neu erschlossenes Pisten-Dorado an der Alp Trida, Verbindung mit dem Pistengebiet Idalpe (Ischgl). Zufahrt auf neuer Straße auf der österreichischen Talseite von der Cajetansbrücke über Spiss; alte, kühne Straße auf der schweizerischen Seite von Vinadi.

Aufstieg: Von Samnaun über den Wiesenboden nach Süden in die Val Maisas. Dem Sommerweg folgend immer östlich über dem teilweise scharf eingeschnittenen Bach talein zum Roßboden. Nun zwei Möglichkeiten. a) Über das Roßbodenjoch: Am linken Rand der herrlichen, hindernislosen Hänge aufwärts, dann durch eine Steilmulde nach Osten in das Joch. Rechts der Kante sehr steil in Kehren weiter; so hoch wie möglich mit Ski, dann zu Fuß. b) Über die Westhänge: Vom Roßboden auf den tiefsten Felssporn rechts des Muttlers zu. Parallel zu dem Sporn sehr steil nach Südosten aufwärts in eine versteckte Hochmulde. Über den glatten Steilhang Richtung Gipfel bis in 3100 m Höhe. Skidepot. Nach links auf die Andeutung einer Rippe und gerade mühsam über Schnee und Schieferschutt zum Gipfel.

Abfahrt wie Aufstieg.

Muttler
Westroute
Val Maisas
Samnaun
Foto:
R. Mathis

4. Beiderseits des Paznauntales

Silvretta — das war schon immer ein Zauberwort für die Tourenfahrer. Es gibt kaum ein anderes Gebiet in den Alpen mit einem so reichen und vielgestaltigen Angebot. Nehmen wir noch die Heilbronner Hütte im Ferwall dazu, dann läßt sich eine interessante Tabelle aufstellen; der Neuling beginnt mit der Heilbronner Hütte, steigert sich dann über Heidelberger Hütte, Jamtalhütte und beendet seinen „Werdegang" auf der Wiesbadener Hütte.

Der Bedeutung des Gebietes entsprechend, haben wir fast alle wichtigen Routen behandelt. So brauchen hier nur wenige weitere Möglichkeiten skizziert zu werden:

Schnapfenspitze, 3219 m, Zugang von der Heidelberger Hütte über Larainfernerjoch oder Heidelberger Scharte (Gegenanstieg bei der Abfahrt), Aufstieg über zerklüfteten Gletscher mit sehr steilen Stufen, hochalpin. Abfahrt auch ins Laraintal und nach Tschafein. Bei bestem Firn auch von Süden, rassige Steilabfahrt.

Hoher Kogel, 2817 m, durchs Laraintal und die Ritzenjochmulde zum Südgrat, zu Fuß auf den Gipfel.

Mittlere Getschnerspitze, 2965 m, über den Hennebergferner, Variation zu R 87.

Piz Fliana, 3281 m, stolze, eindrucksvolle Berggestalt südlich des Hauptkammes mit sehr steilem Schneeschild, hochalpin, Zugang von der Wiesbadener Hütte über Fuorcla dal Cunfin und Plan da Mezdi.

Silvrettahorn, 3244 m, von der Wiesbadener Hütte über den Ochsentalergletscher und einen Eisbuckel in die Egghornlücke, Gipfelaufbau anspruchsvoll, oft vereist.

Fädnerspitze, 2788 m, Westabfahrt zum Zeinisjoch, steil, rassig und lawinös (andere Möglichkeiten siehe Seite 170).

Von Piel oder Velzur zur Friedrichshafener Hütte (2138 m, DAV, zeitweise im Frühjahr bewirtschaftet), unten steil und waldig, oben schönes Skigelände. Von dort leicht und lohnend auf die **Hohen Köpfe,** 2608 m, oder — etwas umständlich und lawinös — über das Muttenjoch (Übergangsmöglichkeit zur Heilbronner Hütte) zur **Geißspitze,** 2779 m, siehe auch Seite 171. Weitere, großartige Möglichkeit: über das Schafbüheljoch (steil) zum Schottensee und auf den **Vertinesberg,** 2855 m, Gegenanstieg bei der Abfahrt.

Geißspitze
Muttenjoch
ins Ochsental
Foto:
D. Seibert

Tourengebiet 7
(Tour 68–77)

HEIDELBERGER HÜTTE

2264 m

Silvretta/ Samnaungruppe

Im oberen Fimbertal, der Val Fenga der Rätoromanen, liegt, bereits auf schweizerischem Boden, die stattliche Heidelberger Hütte im Grenzbereich zwischen der Silvretta im Westen und Süden und der Samnaungruppe im Osten. Der weite Talkessel gehört zu den klassischen Skitourengebieten der Ostalpen und zeichnet sich durch die ungewöhnlich große Mannigfaltigkeit der Touren aus, die es einem ermöglicht, das jeweilige Tagesziel den gerade herrschenden Schnee-, Wetter- und Lawinenverhältnissen anzupassen.

Talort und Zufahrt: Ischgl, 1376 m, ein bekannter Ferien- und Wintersportort mit großen Bahn- und Liftanlagen im Bereich der Idalpe. Während der Wintersaison beschränkte Parkmöglichkeiten im Dorf, großer Parkplatz an der Nordostseite des Ortes. Skiwanderweg von Ischgl bis nach Galtür, 10 km, 200 Hm Steigung.

Autozufahrt von Landeck durchs Paznauntal; auf der gleichen Strecke verkehren auch Busse. Die Straße über die Bielerhöhe ist im Winter gesperrt.

Zugänge zur Hütte: a) Zufahrt mit Ratrac (meist eine Fahrt am frühen Vormittag), Anmeldung im Reisebüro Ischgl.

c) Zu Fuß von Ischgl durch das gesamte Fimbertal auf dem immer deutlichen Ratracweg in 5 Std.

c) Von Ischgl mit der Seilbahn zur Idalpe und Abfahrt (Zwischensteigung mit Lift) zum Boden-Wirtshaus, 1842 m, und von dort wie bei b) in 2½ Std. zur Hütte (Gesamtzeitaufwand 3½—4 Std.).

Mit der Seilbahn zur Idalpe und dem Lift durchs Höllenkar zum Grat östlich des Paulinerkopfes. Von der ersten Schulter westlich der tiefsten Scharte nach Süden hinab und immer schräg nach rechts hinüber in das Zeblasjoch, 2539 m. Nun unbedingt noch knapp 100 Hm nach Westen abwärts und unter den sehr lawinengefährlichen Steilhängen der Vesilspitze in entsprechendem Abstand hindurch. Durch die Mulde hinauf in den Sattel zwischen Piz Val Gronda und Piz da Chöglias, 2752 m. Sich rechts haltend auf den Piz Fenga Pitschna, 2725 m, zu, unter dem Gipfel südlich hindurch und in den Sattel zwischen ihm und dem Piz Davo Sassè. Sich links haltend über schöne Hänge zur Hütte hinab. Gesamtzeit von Ischgl 3½—4 Std.

Heidelberger Hütte, 2264 m, DAV, 80 Betten und 80 Matratzen, bew. von Weihnachten bis Mai.

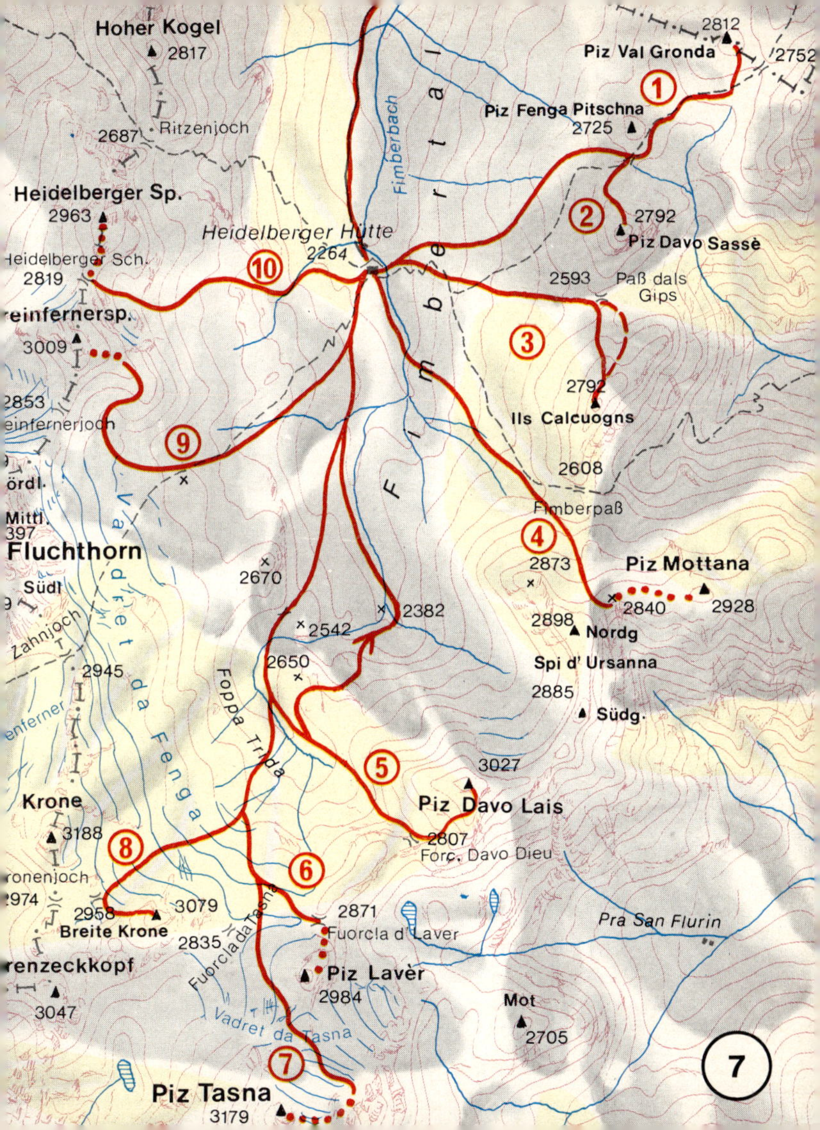

Hoher Kogel
2817
2687
Ritzenjoch
Heidelberger Sp.
2963
Heidelberger Sch.
2819
Heidelberger Hütte
2264
reinfernersp.
3009
2853
einfernerjoch
Fimberbach
Fimbertal
2812
Piz Val Gronda
2752
Piz Fenga Pitschna
2725
2792
Piz Davo Sassè
2593
Paß dals Gips
2792
Ils Calcuogns
2608
Fimberpaß
2873
Piz Mottana
2840
2928
2898
Nordg
Spi d' Ursanna
2885
Südg.
Fluchthorn
Südl
Mittl.
Zahnjoch
2945
2670
2542
2382
2650
Foppa Trida
Vadret da Fenga
3027
Piz Davo Lais
2807
Forc. Davo Dieu
Krone
3188
2974
2958
Breite Krone
3079
2871
Fuorcla d' Laver
2835
Fuorcla da Tasna
Piz Lavèr
2984
Pra San Flurin
Mot
2705
3047
Vadret da Tasna
Piz Tasna
3179
1
2
3
4
5
6
7
8
9
10
7

① **Piz Val Gronda,** 2812 m, Samnaungruppe

Breiter Schneekopf, gemütliche, harmlose Fahrt.

Übersicht: Westhänge, bei gutem Firn auch für einen Nachmittagsausflug geeignet; 2—2½ Std.; 560 Hm Abfahrt.

Aufstieg: Von der Hütte auf den Piz Davo Sassè zu. In 2500 m Höhe allmählich nach links und in den Sattel zwischen ihm und dem Piz Fenga Pitschna. Unter letzterem rechts hindurch und gerade auf den Piz Val Gronda.

Abfahrt wie Aufstieg.

② **Piz Davo Sassè,** 2792 m, Samnaungruppe

Wenig markanter Gipfel direkt östlich über der Hütte.

Übersicht: Leicht, nur der Gipfelaufbau ist etwas steiler; Westhänge, Gipfel manchmal verblasen; 2 Std.; 530 Hm Abfahrt.

Aufstieg: Wie bei ① in den Sattel. Von dort über den Nordrücken zum höchsten Punkt.

Abfahrt wie Aufstieg.

③ **Ils Calcuogns,** 2792 m, Samnaungruppe

Ein breiter Schrofenrücken mit Felsabbrüchen nach Süden und Osten.

Übersicht: Schöne, kurze Steilabfahrten, aber nur bei lawinensicherem Firn zu empfehlen; Gipfelregion oft verblasen; West- und Nordhänge; 2 Std.; 530 Hm Abfahrt.

Aufstieg: Über die flachen Hänge gegen den Paß dals Gips, 2593 m, zwischen Piz Davo Sassè und den Calcuogns. Je nach der Schneebeschaffenheit entweder über die Hänge knapp westlich des spornartigen Nordgrates schräg gegen den Gipfelgrat steil empor oder in der Mulde östlich hinter dem Nordgrat (Nordmulde) sehr steil gegen den Gipfel.

Abfahrt wie Aufstieg.

④ **Piz Mottana,** 2928 m, Silvretta

Schöner, weit nach Osten vorgeschobener Gipfel mit eindrucksvollem Blick auf die großen Samnaunberge (Stammerspitz); Gipfelgrat zu Fuß; Skiabfahrt sehr schön; leicht doch zügig.

Übersicht: Nordmulde und Westhänge; 2½—3 Std.; 590 Hm Abfahrt.

Aufstieg: Von der Hütte 15 Min. im Talboden einwärts, dann beliebig über die weiten, sanften Hänge bis zum Beginn des kleinen Bodens westlich vor dem Fimberpaß. Im schrägen Aufstieg in die schöne Mulde unter dem Punkt 2898 (Spi-d'Ursanna-Nordgipfel) und oben — sich links haltend — in die deutliche Grateinschartung, etwa 2840 m. Skidepot. Über Schnee und Fels auf dem langgestreckten Grat ohne Schwierigkeiten zum Gipfel.

Abfahrt wie Aufstieg.

⑤ **Piz Davo Lais,** 3027 m, Silvretta

Mächtiger Berg, der — von der Heidelberger Hütte gesehen — das Fimbertal nach Süden abschließt; der Name bedeutet: Spitze hinter den Seen.

Übersicht: Hochalpine Fahrt mit langem, steilem Gipfelhang; lawinengefährdet, am besten bei Firn; südwest- und nordgeneigte Hänge; 3—3½ Std.; 860 Hm Abfahrt.

Aufstieg: Wie bei ⑦ nach Foppa Trida. Hier von der großen Spur nach links ab und auf den auffallenden Einschnitt rechts des Piz-Davo-Lais-Nordwestgrates zu. Durch das Tälchen empor — die kleine Klamm umgeht man links — in die Fuorcla Davo Dieu, 2807 m. Gerade über die Steilhänge zum Gipfel.

Abfahrt: Auf dem Anstiegsweg hinab bis unter das Tälchen. In einer Höhe von 2650 m aber nach rechts am Hang entlang (steile Querung) zum erwähnten Nordwestgrat, wo ein paar Köpfchen eine auffallende Schulter bilden. Über sehr schöne Hänge gerade hinab zu Punkt 2382 und sich links haltend zurück zur Aufstiegsspur.

⑥ **Piz Lavèr,** 2984 m, Silvretta

Netter kleiner Gipfel, das ideale Ausweichziel, wenn der Piz Tasna zu weit oder zu schwierig ist; 3 Std.

Aufstieg: Wie bei ⑦ bis vor die Fuorcla da Tasna. Nach links in die Fuorcla d'Lavèr und je nach Schnee mit Ski oder zu Fuß zum Gipfel.

Abfahrt wie Aufstieg.

⑦ **Piz Tasna,** 3179 m, Silvretta

Gewaltiger, weit gegen das Engadin vorgeschobener Berg mit idealer Aussicht; bekanntester Skiberg des Gebietes; Abfahrt leicht und so flach, daß schneller Schnee empfehlenswert ist.

Übersicht: Gipfelaufbau hochalpin, teilweise exponierter Grat, bei gutem Schnee leicht, bei hartem eventuell Seil, Pickel und Steigeisen notwendig; 4 Std.; 800 Hm Abfahrt.

Aufstieg: Von der Hütte immer westlich etwas oberhalb des Baches mit kleinen Abfahrtsstücken nach Süden in den Sattel westlich des Punktes 2542. Hinab in den Boden der Foppa Trida und ziemlich genau nach Süden aufwärts gegen die Fuorcla da Tasna. Schon vor

dem weiten Sattel allmählich mehr nach links, westlich unter dem Piz Lavèr hindurch und über den Tasnagletscher gegen die deutliche Schulter im Ostgrat des Piz Tasna. Von dieser Schulter zu Fuß über den Grat, zuletzt sehr steil, zum Gipfel.

Abfahrt wie Aufstieg.

⑧ **Breite Krone,** 3079 m, Silvretta

Idealer Skiberg, der nach Norden und Osten mit auffallenden Wänden abbricht; das Gipfeldach ist jedoch meist sehr verblasen.

Übersicht: Weite, leichte Hänge, nordostgeneigt; 3 Std.; max. 800 Hm Abfahrt.

Aufstieg: Wie bei ⑦ nach Foppa Trida, nach Südwesten in den Gletscherkessel zwischen Krone und Breiter Krone und zum Sattel, 2958 m. Scharf nach links und über das Dach mit Ski (bei Schneemangel zu Fuß) zum Gipfel.

Abfahrt wie Aufstieg.

⑨ **Larainfernerspitze,** 3009 m, Silvretta

Nette, felsige Pyramide gleich nördlich des gewaltigen Fluchthornmassivs mit einer pfiffigen Skiroute bis knapp unter den Gipfel.

Übersicht: Süd- und Osthänge mittlerer Neigung, früher Aufbruch ratsam; 2½ Std.; 700 Hm Abfahrt.

Aufstieg: Von der Hütte nach Südwesten (Richtung Südliches Fluchthorn) empor bis in Höhe des Punktes 2574. Nun nach Westen in die Mulde unter dem Larainfernerjoch. Aus dem ebenen Boden nach rechts in einen kleinen Sattel im Ostgrat der Larainfernerspitze und auf dem Schneedach der anderen Gratseite gegen den Gipfel. Das letzte Stück zu Fuß zum höchsten Punkt.

Abfahrt wie Aufstieg.

Foto: D.Seibert

⑩ **Heidelberger Spitze,** 2963 m, Silvretta

Ein kleines, aber keckes Felshorn, das immerhin noch einen Meter höher ist als die Zugspitze.

Übersicht: Schöne, steile Osthänge, eine kurze, sehr zügige Abfahrt für Firn; nicht lawinensicher; 2½—3 Std.; 560 Hm Abfahrt.

Aufstieg: Am direktesten gleich durch das Tälchen im Westen der Hütte in mehreren Stufen empor auf eine Terrasse. In der ausgeprägten Mulde über zwei Steilstufen in die Heidelberger Scharte, 2819 m. Skidepot. Mit einiger Kletterei (eventuell Seil und Pickel notwendig) über den hohen Schnee- und Felsgrat zum Gipfel.

Abfahrt wie Aufstieg.

Tourengebiet 8
(Tour 78-86)

JAMTALHÜTTE

2165 m

Silvretta

Hier ein Loblied auf die besondere Qualität des Tourengebietes rund um die vorzüglich geführte Jamtalhütte anzustimmen, hieße Eulen nach Athen tragen. Die vergleichsweise niedrige Lage der Hütte bedeutet zwar etwas längere Gipfelanstiege, dafür kann man sich aber auch dem Abfahrtsgenuß länger hingeben. Die meisten Touren führen durch hochalpines Gelände, teilweise über zerschründete Gletscher und fordern daher entsprechende Erfahrung und die nötige Vorsicht. Zu empfehlen ist die Zeit von etwa Mitte Februar bis Mai.

Talort und Zufahrt: Galtür, 1584 m, Tourenzentrum für Sommer und Winter im obersten Paznauntal. Liftanlagen vor allem unterhalb der Ballunspitze, Skiwanderweg bis Ischgl. Autozufahrt von Landeck durch das gesamte Paznauntal, Busverkehr auf der gleichen Strecke.

Zugang zur Hütte: Von der Ortsmitte Galtür am Gasthaus Rößle vorbei nach Süden talein und immer der meist deutlichen, breiten Spur folgend. An der Schnapfenalpe und der Scheibenalpe vorbei, weiter links des Baches, dann rechts davon über die Mündung des Futschölbaches, im Bogen unter der Hütte hindurch und schließlich von Süden zu ihr (bei Nebel eventuell am Futschölbach entlang). 3—4 Std., nicht lawinensicher.

Jamtalhütte, 2165 m, 120 Bette, 100 Matratzen, im Winter etwa von Mitte Februar bis Mitte Mai bew., sonst Winterraum. Gepäcktransport meist mit Schneewiesel möglich.

① **Pfannknechtscharte,** etwa 2750 m

Einschnitt zwischen dem Massiv des Augstenbergs und dem nördlich vorgelagerten Pfannknecht, einem unbedeutenden Felskopf.

Übersicht: Lohnende, zügige Abfahrt über Nordwesthänge und -mulden, mittelsteil, 2 Std., die ideale Eingehtour; 580 Hm Abfahrt.

Aufstieg: Von der Hütte nach Süden über den Rücken zum Steinmannli, 2353 m. Gerade über den folgenden Steilhang in eine Mulde und in gleicher Richtung weiter, wieder steiler, in die Scharte.

Abfahrt wie Aufstieg.

Gamshorn
Mittl.
3397
Fluchthorn
Südl.
3399
2969
Madlenersp.
Jamtalhütte
2165
Zahnjoch
3022
Vd. Satzgrat
Futschölbach
Zahnsp.
2779
Steinmannli
Totenfeldkopf
2353
Paulcketurm
2935
Kronenferner
3072
Finanzerstein
2844
Pfannknecht
2822
Krone
Haagsp.
3029
3028
Totenfeld
Pfannknechtscharte
2966
3058
Ht. Satzgrat
2793
Augstenköpfe
Kronenjoch
3101
2510
Futschöl-F.
2726
Rauher Kopf
3029
Tiroler Kopf
3095
Chalausferner
Nördl. Chalaussp.
Bischofsp.
Rußkopf
2693
3161
Nördl.
2768
Tiroler Scharte
Fuorcla Chalaus
3228
Futschölpaß
Grenzeckkopf
2935
Augstenberg
2940
3003
3225
Ochsenkopf
Südl.
3057
3096
Jamtalferner
Südl. Chalaussp.
3120
Chalausköpfe
2977
3093
Fuorcla Urschai
V. da Chalaus
Ob. Ochsenscharte
3097
2970
3114
2994
Vd. Jamspitze
Piz Urschai
3197
3178
2906
Dreiländersp.
3078
Urezzasjoch
V. d'Urezzas
Jamjoch
Ht. Jamspitze
Val Urschai
1
2
3
4
5
6
7
8
9
8

② **Augstenberg,** 3228 m

Dieses mächtige Bergmassiv bildet den Höchstpunkt im Grenzkamm südlich der Hütte und zugleich das höchste Winterziel ihres Bereiches.

Übersicht: Flotte zügige Abfahrt, jedoch kleiner Gegenanstieg unter der Chalausscharte; spaltiger Gletscher, Nord- bis Westhänge, hochalpin; 3½ Std.; 1030 Hm Abfahrt.

Aufstieg: Wie bei ① zum Steinmannli, dann rechts über einen Graben und immer schräg rechts auf einer Abdachung zur Seitenmoräne des Chalausferners und rechts ausholend zum Gletscher. An seinem linken, nordöstlichen Rand aufwärts (Spalten) zur Chalausscharte, 3003 m. Man hält sich nun nach links in die Firn-

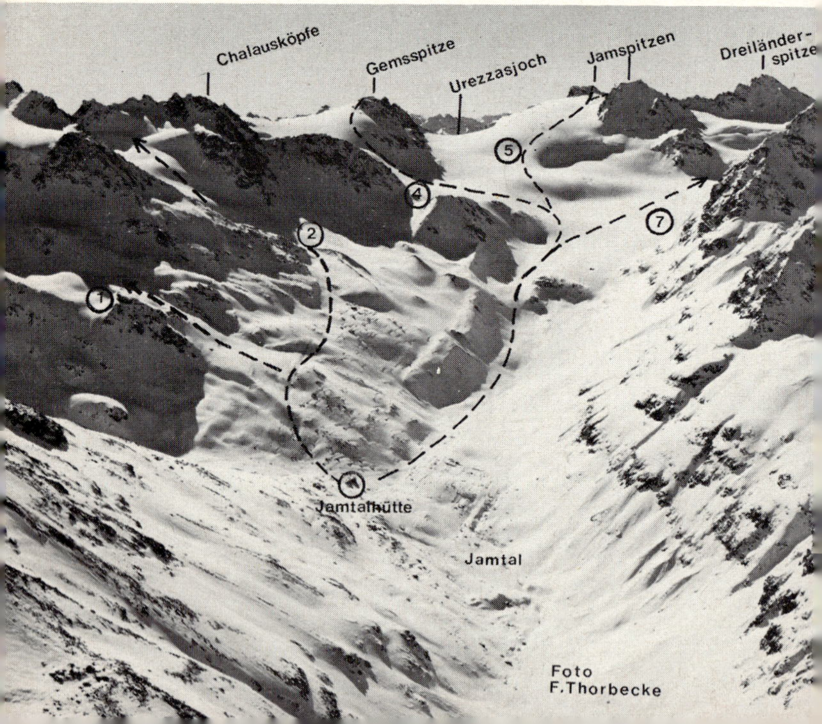

mulde und quert einen auffallenden Firnrücken (Vorsicht) in das obere Becken des Vadret da Chalaus. In einem weiten Bogen, zuletzt steiler, in den wenig eingesenkten Sattel zwischen den beiden Gipfeln und zu Fuß über den Grat leicht nach links zum etwas höheren Nordgipfel (Nördliche Augstenspitze).

Abfahrt wie Aufstieg oder weiter wie bei Route ③.

③ Große Jamrundfahrt

Eine großzügige Skihochtour, die sich mit vielen Gipfeln — je nach Kondition und Können — „garnieren" läßt. Nebelfreies Wetter notwendig!

Foto: R. Rother

Übersicht: Hochtour mit einigen Variationsmöglichkeiten für erfahrene Skitouristen, vor allem bei schnellem Schnee zu empfehlen, da die Gletscherbecken teilweise flach und weitgestreckt sind; Spaltengefahr; Hänge in allen Himmelsrichtungen; überschreitet man nur die Scharten etwa 5 Std. von der Hütte zur Hütte, mit den drei Gipfeln etwa 2½ Std. länger; 1000—1450 Hm Abfahrt.

Die Route: Wie bei ② zur Chalausscharte (oder weiter zum Augstenberg und zurück), unter dem Südgrat der Südlichen Chalausspitze mit möglichst wenig Höhenverlust hindurch und fast eben hinüber in die Fuorcla Urschai, 2994 m. (Von hier in leichter Kletterei auf den Piz Urschai, 3097 m, 30 Min.) Von der Scharte kurz steil hinab, dann in langer Schußfahrt — sich immer rechts haltend — unter dem südlichen Felsfuß der Gemsspitze hindurch und in kurzem Gegenanstieg (25 Min.) in die Fuorcla d'Urezzas. Nun Abfahrt nach Norden oder Weiterweg zur Hinteren Jamspitze (1 Std.) siehe jeweils ⑤.

④ **Gemsspitze,** 3114 m

Ein breiter, rundum von Gletschern eingeschlossener Felsberg, zu dem jedoch von Nordosten ein Arm des Jamtalferners hinaufzieht und ihn so zu einem der schönsten Silvretta-Skiberge stempelt.

Übersicht: Nord- und Nordwesthänge, eventuell Spalten, unschwierige Kletterei am kurzen Gipfelgrat; 3½ Std.; 970 Hm Abfahrt.

Aufstieg: Von der Hütte nach rechts in den breiten Talboden und einwärts zur Steilstufe unter der Gletscherzunge. Links empor und in das erste Becken des Jamtalgletschers (2600 m). Nun nach Südosten über eine Steilstufe (Spalten) in die Mulde zwischen Chalausköpfen und Gemsspitze. In einem weiten Bogen unter dem Ostgrat der Gemsspitze hindurch und in eine kleine Einsattelung am Fuß des letzten Gipfelaufbaus. Skidepot. Über eine Stufe auf den obersten Ostgrat und zum Gipfel.

Abfahrt wie Aufstieg oder in 2700 m Höhe scharf nach rechts in den Sattel direkt südlich des Rußkopfes und nach rechts auf die Abfahrt vom Augstenberg ②.

⑤ **Hintere Jamspitze,** 3156 m

Leichter Hochgipfel mit relativ sanfter Abfahrt, die über weite Gletscherflächen (Spalten) führt.

Übersicht: Nord- bis ostseitige Hänge, schneller Schnee angenehm, leicht, nur eine Steilstufe unter der Gletscherzunge; 4 Std., 1000 Hm Abfahrt.

Aufstieg: Wie bei ④ in das erste Becken des Jamtalferners. Noch 100 Hm nach Südosten, dann genau nach Süden in das Urezzasjoch, 2906 m. Nun nach Westen über den weiten Gletscherrücken (Spalten) und die anschließenden Mulden in das Jamjoch, 3078 m, und weiter auf den Gipfel zu. Das allerletzte Stück zu Fuß empor.

Abfahrt wie Aufstieg.

⑥ **Vordere Jamspitze,** 3178 m

Der etwas höhere und ungleich wildere Bruder der Hinteren Jamspitze, der durch seine bizarren Türmchen imponiert. Auch er läßt sich vom Jamjoch ⑤ ersteigen: Mit Ski an den Fuß des auffallenden Südwestgratturmes, Skidepot. Auf den Grat und über ihn links zum Gipfelturm, der gerade über seine Kante erklettert wird; schwierig.

⑦ **Dreiländerspitze,** 3197 m

Der Grenzgipfel zwischen Tirol. Vorarlberg und Graubünden, der bekannteste Gipfel im Bereich der Jam, eine schöne Felspyramide.

Übersicht: Nordostseitige Gletscherhänge, zuoberst Nordwestseite (Schneebrettgefahr); leichte Kletterei zum Vorgipfel, Übergang zum wenig höheren Hauptgipfel unter Umständen schwierig; 4½ Std.; 1000 Hm Abfahrt.

Aufstieg: Wie bei ④ in das erste Becken des Jamtalferners. Über den Gletscher nach Südwesten, dann nach Süden dicht unterhalb

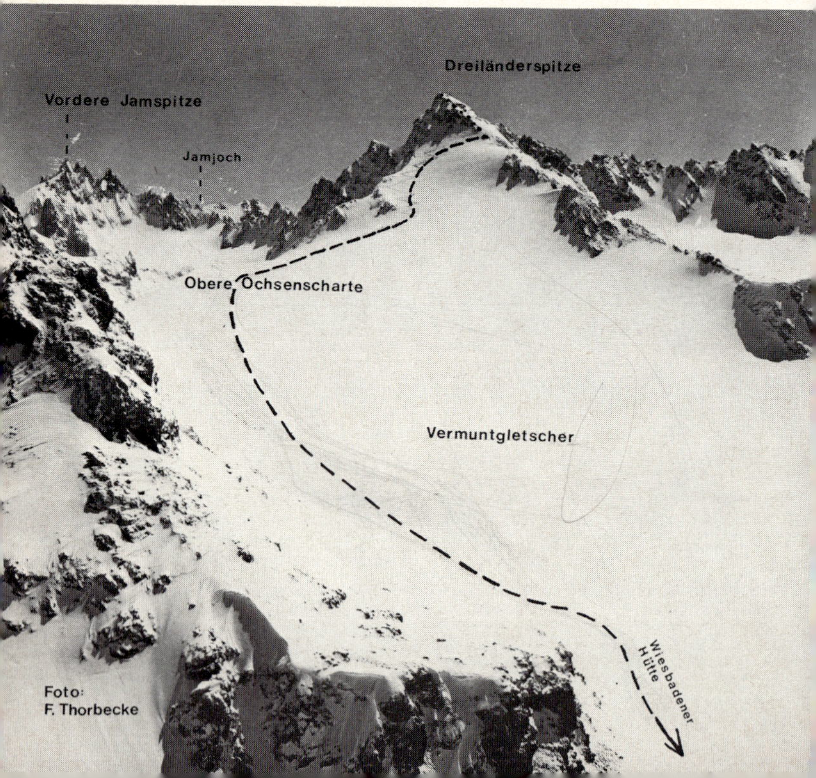

Dreiländerspitze
Foto:
Löbl – Schreyer

der Felsen von Punkt 2977 m und in die Obere Ochsenscharte. Steil über den Nordwesthang des Gipfels möglichst hoch mit Ski empor. Dann nach rechts auf die Westgratschulter und über den Westgrat zu Vor- und Hauptgipfel.

Abfahrt wie Aufstieg.

⑧ **Haagspitze,** 3029 m

Dieser nördliche Vorgipfel des Rauhen Kopfes bietet eine sehr rassige, im unteren Teil ausgesprochen steile Abfahrt für Könner.

Übersicht: An der großen Steilstufe pralle Osthänge, deshalb sehr früher Aufbruch unbedingt notwendig, ebenso sicherste Firnverhältnisse; 3 Std.; 840 Hm Abfahrt.

Aufstieg: Von der Hütte ein Stück in Richtung Jamtalferner, bald jedoch gerade über den 300 Hm hohen Steilhang empor Richtung Vorderer Satzgrat. Nun immer am nördlichen Rand des Totenfelds über zwei Stufen empor in den allerobersten Gletscherboden. Nun meist zu Fuß in den Sattel zwischen Hauptgipfel und Nordgipfel und leicht nach links auf den höchsten Punkt.

Abfahrt wie Aufstieg.

⑨ **Grenzeckkopf,** 3048 m

Ein unauffälliger Gipfel zuhinterst im Futschöltal mit sehr eindrucksvollen Nahblicken auf Fluchthorn, Augstenberg usw.

Übersicht: Abgesehen vom Gipfelaufbau flache, teils sehr flache Abfahrt, deshalb vor allem bei schnellem Schnee zu empfehlen, Nordwesthänge, gletscherfrei; 4 Std.; 850 Hm Abfahrt.

Aufstieg: Durch das Futschöltal zum Finanzerstein und weiter über die gewellten Hänge zu Punkt 2726. Immer auf den zurückliegenden Gipfel zu bis in die Mulde direkt an seinem Fuß. Nun steiler nach rechts auf den Westgrat und über ihn zum Gipfel.

Abfahrt wie Aufstieg.

Haagspitze-
Nordgipfel
Totenfeldkopf
Totenfeldscharte
Totenfeld
Jamtalferner
Oberes Jamtal
Foto:
R. Rother

Tour 87
HENNEKOPF
2704 m
MADLENER-SPITZE
2969 m
Silvretta

Je nach Wetter, Schneeverhältnissen und bergsteigerischem Können sollte man zwischen diesen beiden recht unterschiedlichen Zielen wählen. Das eine ist ein harmloser, schnell erreichbarer Skimugel mit jedoch makelloser Abfahrt, zügig und abwechslungsreich. Die Madlenerspitze aber präsentiert sich als rassiger, hochalpiner Felsberg — ein vornehmes Ziel für Bergsteiger.

Übersicht Hennekopf: West- und nordseitige Böden und Almwiesen, mittelsteil, nur bei ungünstigen Bedingungen lawinös; 2½ Std., 800 Hm Abfahrt.

Übersicht Madlenerspitze: Sehr steiler Nordhang unter dem Gipfel, sonst allenfalls mittelsteil (westseitig); Gipfelaufbau zu Fuß, sehr steile Stapferei durch Rinne, im ausgeaperten Zustand Kletterei (II); 3½ Std., 1000 Hm Abfahrt.

Ausgangspunkt: Oberster Boden des Kleinvermunt gleich östlich unterhalb des Dammes des Silvretta-Stausees. (Seite 156).

Aufstieg Hennekopf: Das Bieltal bricht mit einer gut 100 m hohen Stufe gegen den oben erwähnten Boden ab. Der linke Rand dieser Stufe wird vom Einschnitt des Bieltalbaches gebildet. Dieser Einschnitt wiederum wird westlich von einem breiten Buckel begleitet. Von rechts auf diesen Buckel. Man erreicht ihn dort, wo er flacher wird. Auf ihm zum Oberende der Stufe. Bei der Bachfassung (kleine Betonmauer, 2110 m) über den Bach. Drüben über den Hang diagonal nach Norden (talauswärts!) gut 100 Hm aufwärts zu einer wenig ausgeprägten Bachmulde. In ihr bis auf 2300 m Höhe. Routenverzweigung. In der gleichen Richtung über welliges Gelände weiter gegen den Grat Hennespitze-Hennekopf. Diesen Grat erreicht man leicht am Nordwestfuß des Hennekopfes. Über einen kurzen steileren Hang zu diesem Gipfel.

Aufstieg Madlenerspitze: Wie oben zur Verzweigung. Von hier nach Südosten nur noch wenig steigend bis zum Weißen Bach. Immer in der tiefsten Mulde über sanfte Böden zum Madlenerferner. Vom oberen Gletscherboden führt ein sehr steiler Eishang bis auf den Ostgrat des Gipfels. Skidepot. Aus dieser Scharte quert man waagrecht etwas 20 m nach Süden, bis sich oberhalb in dem Steilaufschwung des Grates eine Rinne öffnet, die im Frühjahr meist mit Schnee gefüllt ist. Durch sie sehr steil (Pickel) zum Gipfel.

Abfahrten wie Aufstiege.

Tourengebiet 9 (Tour 88-93)

WIESBADENER HÜTTE

2443 m

Silvretta

Von den drei berühmten Silvretta-Hütten liegt die Wiesbadener mit Abstand am höchsten. Auch die Skiziele ragen ein wenig höher empor als in der benachbarten Jam oder gar drüben im Fimbertal. Doch rein flächenmäßig ist das Tourengebiet hier wesentlich kleiner und damit die Auswahl an Zielen geringer. Der alpine Neuling sollte nicht gerade mit dieser Hütte anfangen. Die letzten Gipfelanstiege erfordern nämlich fast alle noch ein wenig Kletterei im leichten bis mittelschweren Fels.

Talort und Zufahrt: Der Zugang aus Tirol erfolgt über Galtür, 1584 m, Näheres siehe Tourengebiet 8. Der von Westen kommende reist über Bludenz und das Montafon an. Der letzte Ort im Tal heißt Partenen, 1051 m, schönes Liftgebiet bei Gaschurn. — Die Silvrettastraße, die Galtür und Partenen über die Bieler Höhe, 2035 m, verbindet, ist im Winter und Frühjahr (zumindest bis Mai) gesperrt.

Zugang zur Hütte von Galtür: Wer zu Fuß zur Hütte ansteigen will, wird Galtür als Ausgangsort wählen. Der Weg ist einfacher und kürzer, aber sehr stark von Lawinen bedroht. Bis zur Bieler Höhe folgt man der Silvrettastraße. Es ist auch möglich, mit dem Schneewiesel hinaufzufahren (Zeitersparnis 3 Std.). Nun über den gesamten Silvretta-Stausee nach Süden (im Spätfrühjahr am Ostufer entlang) in das Ochsental. In dem nur wenig steigenden Tal 3 km einwärts bis unmittelbar vor den Zusammenfluß der Bäche, die vom Ochsentaler- und vom Vermuntgletscher kommen. Links parallel neben dem Vermuntbach bis unter die Hütte, die man schließlich in einer Südschleife erreicht. 6 Std. von Galtür, nur bei sicherem Schnee.

Zugang zur Hütte von Partenen: Mit dem Schrägaufzug in 1732 m Höhe und auf der Bahntrasse durch mehrere Tunnel zum Vermunt-Stausee. Von dort mit dem Schneewiesel (oder zu Fuß in etwa der Straße folgend) zur Bielerhöhe. Weiter wie oben beschrieben. Von der Bieler Höhe 2¾ Std., insgesamt zu Fuß 8 Std., nur bei sicherem Schnee.

Wiesbadener Hütte: 2443 m, DAV, 38 Betten, 200 Lager, bewirtschaftet von Mitte Februar bis Mitte Mai, Pfingsten; in freier Lage im oberen Ochsental mit eindrucksvollem Blick nach Westen (Schattenspitze, Silvrettahorn).

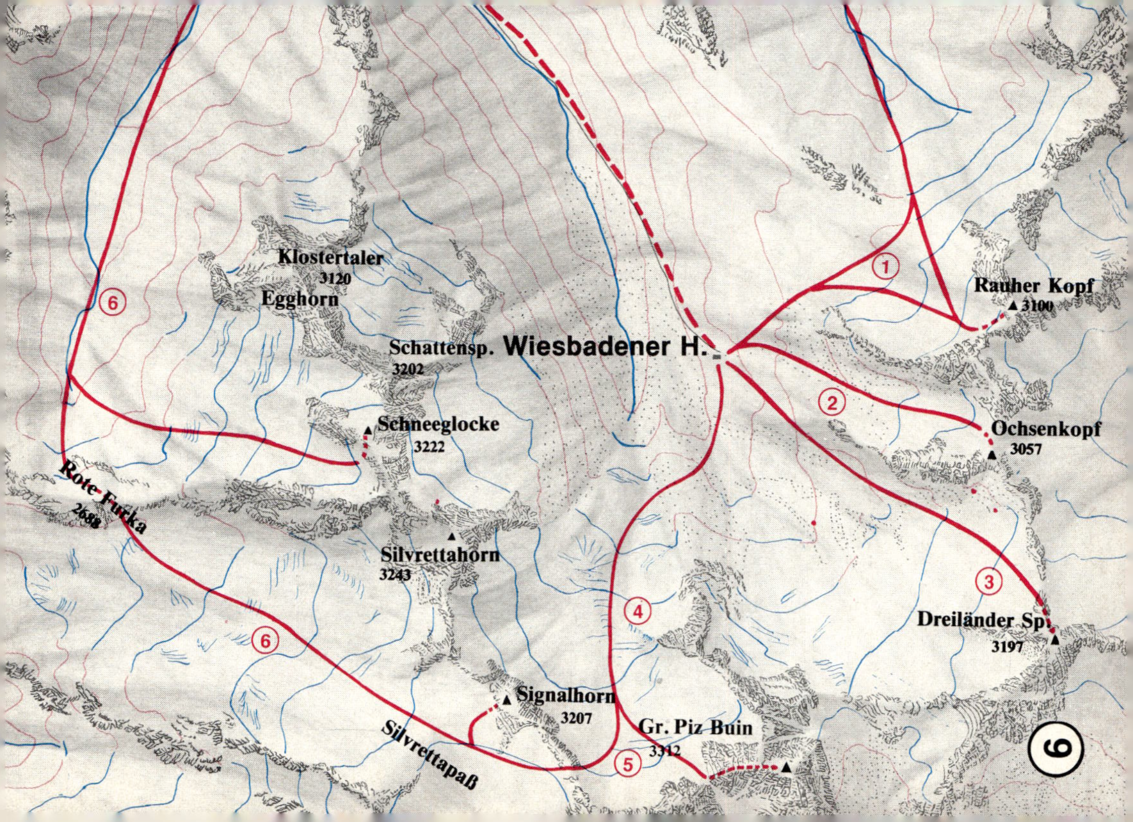
9
Rauher Kopf
3100
Ochsenkopf
3057
Dreiländer Sp.
3197
Wiesbadener H.
Schattensp.
3202
Klostertaler
3120
Egghorn
Schneeglocke
3222
Silvrettahorn
3243
Signalhorn
3207
Gr. Piz Buin
3312
Silvrettapaß
Rote Furka
2688
1
2
3
4
5
6
6
6

Übergänge: Im westlichen Paralleltal liegt die berühmte Jamtalhütte, die man über die Obere Ochsenscharte schnell und ohne größere Schwierigkeiten erreichen kann (Aufstieg 2 Std., siehe Dreiländerspitze, Abfahrt über den Jamtalferner, 800 Hm).

Zu den schweizerischen Silvretta-Hütten gelangt man über die Fuorcla dal Cunfin und den Silvrettapaß (Aufstieg 2¾ Std., siehe Signalhorn, Abfahrt 700 Hm).

① **Rauher Kopf** 3101 m

Ein schöner Felsberg mit auffallend zackigen Graten, aber dennoch ein sehr lohnendes Skiziel. Die Besteigung des Rauhen Kopfes mit anschließender Abfahrt durch das Bieltal wird für die Rückkehr von der Wiesbadener Hütte nach Galtür empfohlen.

Übersicht: Hindernislose Böden und Gletscherflächen, westseitig, mittelsteil; Gipfelaufbau 100 Hm zu Fuß, im Sommer I + über Felsen und Schutt, im Frühjahr oft stark abgeblasen; 2½ Std., 570 Hm Abfahrt.

Aufstieg: Von der Hütte gleich über einen kurzen Hang empor und in das ihn links begleitende Tälchen. In ihm bis in 2600 m Höhe. Nach links hinaus auf den nächsten Rücken und nun diagonal über den steilen Hang unter den Felsen von Punkt 2969 von rechts nach links zu den flachen Böden des Rauhkopfgletschers. Ist der kleine Hang lawinös, umgeht man ihn weiter unten in dem Kuppengelände (Gegenanstieg). Über den Gletscher — etwas links ausholend — gegen die breite Scharte zwischen Rauhem Kopf und Tirolerkopf (Rauhkopfscharte). Durch eine Rinne gleich in den nördlichsten Einschnitt am Fuß des Rauhen-Kopf-Südgrates. Mit einiger Kletterei auf dem Grat, bei schwierigen Stellen auch links in der schuttigen Flanke, zum Gipfel.

Abfahrt zur Hütte wie Aufstieg.

Abfahrt nach Kleinvermunt und Galtür: Hat man größeres Gepäck, wird man schon beim Aufstieg von der Hütte, sobald man das Gletscherbecken erreicht hat, sich stark links halten, um Punkt 2772 zu erreichen und hier das überflüssige Gepäck zu lassen. Abfahrt: Von der Scharte weg hält man sich immer rechts und fährt über die makellosen Hänge des Bieltalferners ins Bieltal ab. Links des Baches talaus, bis man über der Stufe am Talende steht. Hier nach links auf einen Vorsprung (P.2095), über den Rücken 100 Hm hinab und links hinaus ins flache Gelände. Durch das Kleinvermunt nach Galtür.

② **Ochsenkopf,** 3057 m

Dieser behäbige Kopf ist der eigentliche Hüttenberg unseres Stützpunktes, kann man doch bequem in zwei Stunden hinaufsteigen. Er bietet zudem einen besonders schönen Blick auf die Berge um Vermuntgletscher und Jamtalferner.

Übersicht: Einfache, herrlich weite Gletschermulden und eine kurze Stufe über der Hütte, westseitig; Gipfelaufbau zu Fuß, Vorgipfel leicht, dann einige Kletterei; 2 Std., 500 Hm Abfahrt.

Aufstieg: Gleich bei der Hütte über einen kurzen Hang empor und dann in das ihn links begleitende Tälchen. Es führt hinein zum Tirolergletscher. Über ihn leicht in die Tirolerscharte und nach rechts zum Ansatz des Gipfelgrates. Zu Fuß steil über den Rücken zu einem Vorgipfel und dann über den nun stärker ausgeprägten Grat zum höchsten Punkt.

Abfahrt wie Aufstieg.

③ **Dreiländerspitze,** 3197 m

Die Beliebtheit dieses Zieles — und zwar sowohl von der Wiesbadener- wie der Jamtalhütte aus — hat wohl dazu geführt, daß dieser schöne, so auffallend spitze Berg gerne unterschätzt wird. Dies bezieht sich jedoch nicht auf die Skiabfahrt — der Vermuntgletscher ist wirklich problemlos — sondern den Gipfelaufbau. Schon die Nordwestflanke bereitet bei hartem Schnee manchem Schwierigkeiten, am Hauptgipfel selbst scheitert sogar die größere Zahl der Besteiger!

Übersicht: Weite, hindernislose Gletscherflächen und Karböden, nordwestseitig, unschwierig; Gipfelflanke sehr steil, nur bei besten Verhältnissen bis zur Westschulter mit Ski zu begehen (lawinös), dann noch 120 Hm zu Fuß über den Grat zum Nordgipfel; Übergang zum Hauptgipfel II, exponiert, bei verschneiten Felsen entsprechend schwieriger; 3 Std., Abfahrt maximal 650 Hm.

Aufstieg: Leicht steigend quer durch die Hänge hinein zum Vermuntgletscher und über ihn beliebig gegen die Obere Ochsenscharte. An ihr ziemlich nahe vorbei und gegen den ganz auffallenden, dreieckigen Nordwesthang des Gipfels. Mit Ski oder zu Fuß (eventuell sind Steigeisen und Pickel angenehm) über den Steilhang auf die Westschulter. Über den Felsgrat zum Nordgipfel und über die nun scharfe, exponierte Schneide (II) zum Kreuz.

Abfahrt wie Aufstieg.

④ **Großer Piz Buin,** 3312 m

Der Hauptgipfel des Vermunt und der dritthöchste Berg der gesamten Silvretta ist von Norden durch seinen auffallend runden Gipfelkopf unverkennbar. Für ihn gilt das Gleiche wie für die Dreiländerspitze: Die Schwierigkeiten werden gerne unterschätzt. Der Piz Buin ist durchaus ein hochalpines Ziel mit einem etwas verwickelten Zugang, einem wilden Gletscherbruch und einer ausgesetzten Kletterstelle am Gipfelaufbau.

Übersicht: Schöne, nordseitige Gletscherhänge im oberen Teil, eine Stufe im Bereich des großen Bruchs, dann Querung und Gegenanstieg; Vorsicht Spalten!; 4 Std., 650 Hm Abfahrt.

Aufstieg: Von der Hütte nur wenig steigend hinein zur Zunge des Vermuntgletschers. Bequemster Übergang zum Ochsentalergletscher: Aufstieg bis in 2650 m Höhe. Hier nach rechts auf die Schulter unmittelbar südlich neben Punkt 2666. Leicht abwärts (40 Hm), dann links auf eine Moräne. Von ihr nochmals ein wenig abwärts auf den Ochsentalergletscher. Waagrecht über den Eisstrom, bis man am gegenüberliegenden Ufer hinter dem großen Bruch wieder aufsteigen kann (Spalten). Im sanften oberen Gletscherboden erst nach Süden, in 2950 m Höhe dann nach Südosten in die Fuorcla Buin. Skidepot. Über den steilen Schnee- und Schutthang schräg links aufwärts an die Nordwestkante, die hier von einer Steilstufe unterbrochen ist. Die steilste Stelle umgeht man nordseitig in einer Rinne („Kamin“, im Sommer I, im Winter oft vereist, ausgesetzt). Über den bald breiter und flacher werdenden Rücken zum Gipfel.

Abfahrt wie Aufstieg. Dies ist aber wegen der Querung und des Gegenanstiegs nicht ideal. Man kann auch über die Gletscherzunge ins Haupttal hinunterfahren bis zu dem von der Bieler Höhe kommenden Hüttenzugang. Auf ihm zurück zur Hütte (Gegenanstieg 40 Min.).

⑤ **Signalhorn,** 3210 m

Von den Gipfeln im Westen des Ochsentalergletschers sei noch dieser schöne Felsberg vorgestellt, der nicht ganz so hohe Anforderungen stellt wie etwa das Silvrettahorn.

Übersicht: Abfahrt fast identisch mit Piz Buin; letzter Gipfelgrat mit einiger Kletterei (im Sommer I), teilweise überwächtet; 3¾ Std., Abfahrt 650 Hm.

Aufstieg: Wie bei ④ auf den oberen Ochsentalergletscher. Gerade weiter in die Fuorcla dal Cunfin. Drüben 40 Hm steil hinab und dann waagrecht nach Westen an den Fuß des Signalhorn-Südsporns. Bei günstigen Verhältnissen hinter dem Sporn noch ein Stück mit Ski empor, dann zu Fuß über die Rippe auf den Hauptgrat. Über die zu Zeiten tief verschneite und überwächtete Felsschneide zum höchsten Punkt.

Abfahrt wie Aufstieg oder Weiterweg wie ⑥.

⑥ Große Silvretta-Rundfahrt

Sehr abwechslungsreiche Möglichkeit, um von der Hütte zur Bieler Höhe zurückzukehren, gewürzt mit zwei sehr schönen Abfahrten. Das Signalhorn (siehe ⑤) läßt sich bei dieser Tour gut „mitnehmen". Lawinensicherer Schnee und garantiert nebelfreies Wetter sind unbedingte Voraussetzungen.

Übersicht: Charakter und Himmelsrichtungen der einzelnen Abfahrten im Text; Aufstieg in die Rote Furka zu Fuß; mehrere lawinengefährliche Passagen; Rote Furka bei Nebel kaum zu finden; insgesamt etwa 6 Std., 1100 Hm Abfahrt.

Zur Roten Furka: Wie bei ④ und ⑤ an den Fuß des Signalhorn-Südsporns. Weitere Querung in den nahen Silvrettapaß (weiter Gletschersattel). Abfahrt über schöne Gletscherhänge (Spalten) erst etwas rechts haltend in das Becken unter dem Silvrettahorn, dann gerade über den Gletscher (Westhänge) bis in 2600 m Höhe. Vom Nordufer über die auffallende Steilmulde in die Rote Furka hinauf (100 Hm Gegenanstieg).

Abfahrt durchs Klostertal: Über die sehr schönen, nordseitigen Hänge bis in den Boden des Klostertales hinab und flach talaus in den Boden in 2320 m Höhe. (Oberhalb soll eine neue AV-Hütte entstehen.) Nun rechts des schärfer eingeschnittenen Baches weiter. Auch in der Folge rechts des Baches bleibend hinab zum See und hinaus zur Bieler Höhe.

Piz Buin
Kl. Piz Buin
Ochsentalergletscher
Foto:
H. Ziegenhart

Tour 94

SCHNEE-GLOCKE

3223 m

Silvretta

Sollte eines Tages der bereits begonnene Hüttenbau im Klostertal doch einen glücklichen Abschluß finden, dann wird die heute noch verhältnismäßig wenig besuchte Schneeglocke zu den beliebtesten Skizielen Österreichs gehören. Sie bietet nämlich im oberen Teil eine herrliche, sehr zügige Abfahrt. Doch der lange Anmarsch von der Bielerhöhe ist bis heute ein ernstes Hindernis.

Übersicht: Makellose westseitige Gletscherhänge und nordseitige Karböden, dann ein 3 km langes Tal, schließlich noch ein 2 km langer Marsch über den Stausee; nur bei sicheren Verhältnissen, ausgesprochene Frühjahrsfahrt; 100 Hm Gipfelanstieg zu Fuß, steil; 5 Std., 1100 Hm Abfahrt.

Talort und Zufahrt für die Bielerhöhe wird auf der Seite 154 beschrieben. Übernachtungsmöglichkeit im Madlenerhaus (1985 m, westlich des Stausees, DAV, bewirtschaftet Mitte Februar bis Mitte April), bzw. in den Hotels Silvrettasee und Piz Buin (privat, im Spätwinter und Frühjahr bewirtschaftet).

Aufstieg: Über den See bis unmittelbar hinter die Einmündung des Klostertaler Baches. Auf dem breiten Buckel links des Baches in den ersten Boden des Klostertales. Gut 1 km im Talboden, dann wieder links oberhalb in die inneren Böden (Standort des geplanten Hüttenbaues, 2320 m). Über weites Gelände mäßig steigend nach Süden in den letzten Talwinkel unter der Roten Furka. Ab 2500 m Höhe schwenkt man allmählich nach Südosten, dann nach Osten ab und steigt über den — nur im mittleren Teil steileren — Klostertalergletscher empor. So erreicht man das obere Becken zwischen Schneeglocke und Rotfluh. Rechts des Schneeglocken-Gipfels wird der Grat von einem breiten Firnsattel gebildet. An der niedrigsten Stelle steigt man zu Fuß über steilen Schnee zum Grat hinauf, der nach links zum Gipfel führt.

Abfahrt wie Aufstieg. Man kann auch — ziemlich steil — über den Nordarm des Klostertalergletschers abfahren. Dazu hält man sich vom Skidepot aus rechts und fährt um den Westgratfuß der Schneeglocke herum. Auf dem Gletscher gerade abwärts ins Klostertal.

Foto:
L. Gensetter

Tourengebiet 10 (Tour 95–102)

HEILBRONNER HÜTTE

2308 m

Ferwall

Dieses, im südlichen Ferwall gelegene Tourengebiet erlaubt keine Großabfahrten; Spritztouren sind hier das Typische. Dabei findet man alles von sanften Skihängen bis zu rassigen Steilabfahrten. Dem noch wenig Erfahrenen bietet das Gebiet in wirklich idealer Weise die Möglichkeit, erste selbständige Touren zu unternehmen. Der „alte Hase“ hingegen wird mehrere Ziele aneinanderhängen und so ebenfalls auf seine Kosten kommen. Auf entsprechende Möglichkeiten wird im folgenden Text hingewiesen.

Talort und Zufahrt: Galtür, 1584 m, siehe TG 8.

Zugang zur Hütte von Galtür: Von der Ortsmitte mit dem Auto noch 2 km nach Westen. P an den Liften. Mit dem Alpkogellift zur Bergstation. Nun entweder über den Kamm, knapp südlich unter dem Alpkogel hindurch und hinüber zum Zeinisjoch; oder dorthin mit Abfahrt nach Westen (Piste) Richtung Stausee und auf dem Uferweg Querung zum Nordende des Sees. Der folgende Aufstieg ist meist durch eine Ratracspur gekennzeichnet. Vom Zeinisjoch nach Nordwesten über die sanften Böden bis zum letzten Absatz südwestlich unter der Fluh. Bei ganz sicheren Verhältnissen waagrecht durch die Steilhänge um die Fluh herum; sonst 100 Hm südwestlich hinab auf die Straße und hinein zum Boden der Verbellaalp. Über den ersten Hang rechts hinauf, dann waagrecht nach links und kurz hinab in das Tälchen des Verbellabachs. Flach talein und hinauf zur Hütte. Bei Lawinengefahr im Tälchen weicht man über den Pfannensee aus. 3 Std. ab Lift, als Abfahrt sehr flach (siehe auch Nr. 4).

Heilbronner Hütte: 2308 m, 30 Betten, 90 Lager, DAV, bewirtschaftet von Weihnachten bis 10.1. und von Anfang Februar bis eine Woche nach Ostern, Tel. 0 54 46 / 29 54, eine moderne Hütte mit Zentralheizung; schöner Blick nach Norden auf das Patteriol. Gepäck- und Personentransport (teuer) ab Zeinisjoch möglich. Schlepplift bei der Hütte.

Übergänge sind von diesem Stützpunkt aus im Winter kaum üblich, die Friedrichshafener Hütte ließe sich jedoch über das Muttenjoch gut erreichen.

① **Jöchligrat,** 2626 m

Ein netter, aber ganz unbedeutender Spitz im Nordgrat des Schrottenkopfes, Hüttenberg.

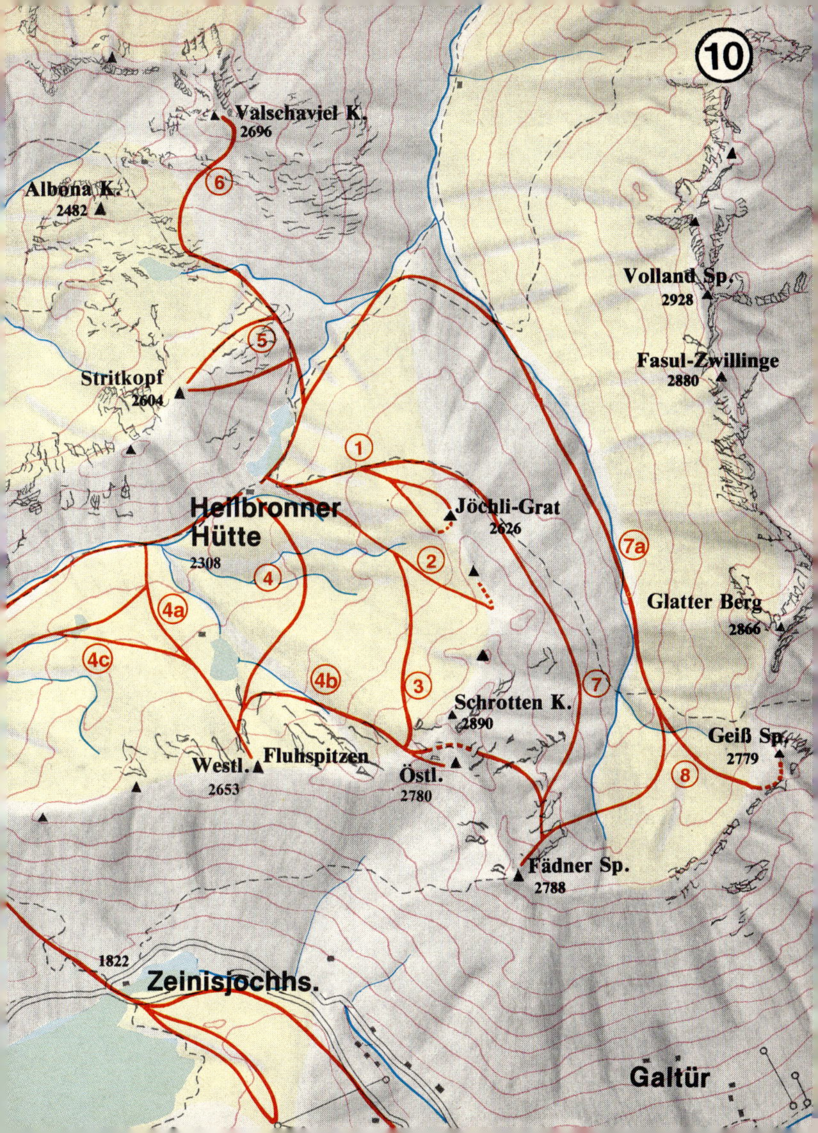

10
Valschaviel K.
2696
6
Albona K.
2482
5
Stritkopf
2604
Volland Sp.
2928
Fasul-Zwillinge
2880
1
Heilbronner
Hütte
2308
Jöchli-Grat
2626
2
4
7a
4a
Glatter Berg
2866
4c
4b
3
7
Schrotten K.
2890
Geiß Sp.
2779
Westl.
Fluhspitzen
2653
Östl.
2780
8
Fädner Sp.
2788
1822
Zeinisjochhs.
Galtür

Übersicht: Westseitige Böden, ganz einfache Abfahrt, letzter Gipfelkopf zu Fuß; 1 Std., 300 Hm Abfahrt.

Aufstieg: Von der Hütte anfangs über den Rücken nach Osten empor, später links daneben in den weiten Hängen bis unter den Gipfel. Nun entweder nach rechts zum Westgrat und über ihn zu Fuß zum höchsten Punkt oder links über den oben steilen Nordhang und auch hier die letzten Meter (über den Nordgrat) zu Fuß.

Abfahrt wie Aufstieg.

② **Grüner Grat,** 2708 m

Der nächste Gipfel im Kamm südlich des Jöchligrates, eine breite Felsscheibe.

Übersicht: Teilweise steilere, westseitige Hänge, nicht ganz lawinensicher; Gipfelgrat zu Fuß; 1¼ Std., 350 Hm Abfahrt.

Aufstieg: Von der Hütte 40 Hm über den Rücken hinauf, nach rechts ins Tälchen und über den Hang zur Bergstation des Liftes. In den Boden südwestlich unter dem Jöchligrat, dann auf einer deutlichen Rampe immer schräg rechts empor parallel zum Felsfuß. Schließlich nach links in den Sattel im Hauptkamm und zu Fuß über den schmalen Grat zum Gipfel.

Abfahrt wie Aufstieg.

③ **Östliche Fluhspitze,** 2780 m

Ein völlig unbedeutendes Eck südlich des überragenden Schrottenkopfes, jedoch ein schönes Skiziel oft mit bestem Pulverschnee. Freier Blick nach Süden.

Übersicht: Schöne Mulden und Hänge (nordwestseitig) im oberen Teil, unten ziemlich flach; bei geschickter Routenführung kaum lawinös; 2 Std., 400 Hm Abfahrt.

Aufstieg: Wie bei ③ in den Boden unter dem Jöchligrat. Nach Süden auf den nächsten Absatz und noch 300 m eben in gleicher Richtung weiter. Dann über schöne Hänge in den Einschnitt zwischen einem kleinen Felskopf rechts und dem Fuß des Schrottenkopf-Westgrates links. Drüben erst über Böden, dann wieder steiler zu dem nach Südosten vorgeschobenen Kopf. Insgesamt viele Varianten möglich.

Abfahrt wie Aufstieg.

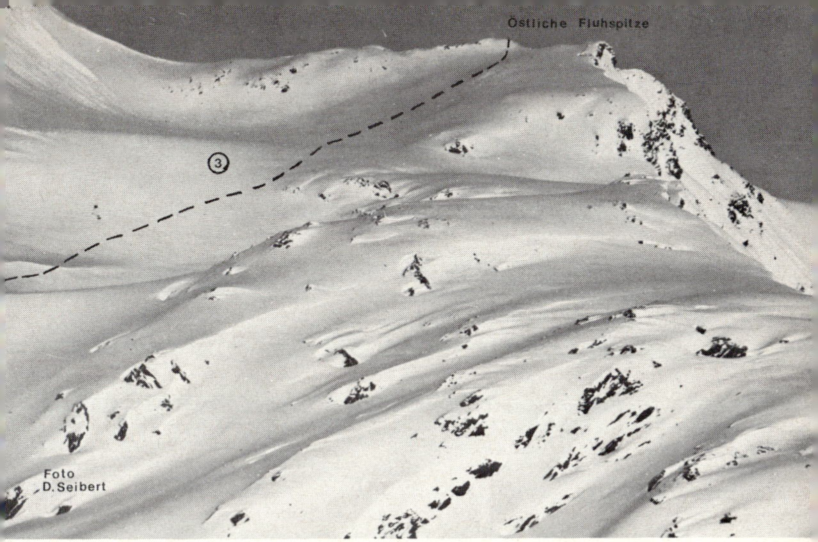
Östliche Fluhspitze
3
Foto
D. Seibert

Westliche Fluhspitze
4
Foto:
D. Seibert

④ **Westliche Fluhspitze**, 2653 m

Eine nette Pyramide im Blickfeld der Hütte. Für sich alleine wegen der langen Querung nicht so lohnend, deshalb werden hier drei Alternativen für eine interessantere Gestaltung der Tour angeboten.

Übersicht: Bis zum Brüllenden See schöne freie Nordhänge; allerobersterster Gipfelgrat zu Fuß; bei geschickter Routenführung kaum lawinös; 1 ¾ Std.

Aufstieg: Wie bei ② zur Bergstation des Liftes. Quer über den nächsten Graben, dann eben, teilweise sogar etwas fallend zum Brüllenden See. Quer über die Wasserfläche in die Südwestecke des Sees und durch die folgende Mulde aufwärts. Oben hält man sich etwas mehr nach links und kommt so an den Westfuß der Gipfelpyramide. Zu Fuß im Blockwerk zum höchsten Punkt, zu Zeiten kann man auch links davon mit Ski ansteigen.

Abfahrt bis zum Brüllenden See wie Aufstieg. Um die lange Querung zu vermeiden, folgende drei Vorschläge:

a) Schon kurz vor dem See am Hang entlang auf die Geländekante westlich des Ombrometers. Über die Hänge nach Norden bis ins Tal. Gegenanstieg zur Hütte 30 Min.

b) Sehr lohnend: Kombination mit Östlicher Fluhspitze. Vom Brüllenden See erst östlicher, dann südöstlicher Anstieg zu ③. 1 ¼ Std.

c) Besteigung der Westlichen Fluhspitze mit der Abfahrt zum Zeinisjoch verbinden: Wie bei a) auf die Kante westlich des Ombrometers. Nun stark nach links am Hang entlang zum Pfannensee und durch das folgende Tälchen hinab zur Aufstiegsspur.

⑤ **Stritkopf**, 2604 m

Nördlicher Vorgipfel des Valschavielberges mit mehreren, teilweise steilen Abfahrten. Wegen der Kürze der Tour wird eine Kombination mit dem Valschavielkopf empfohlen.

Die Möglichkeiten: Bei Pulverschnee sind die Nordhänge empfehlenswert, ein mittelsteiles, völlig hindernisloses Gelände (200 Hm Abfahrt). Eine Idee steiler sind die welligen Hänge nach Nordosten. In beiden Fällen erreicht man den Ostgrat am Fuß des steilen Gipfelaufbaus, den man nur im besonders günstigen Fall mit Ski erreichen kann, sonst zu Fuß. Bei sicherem Firn locken natürlich auch die steilen Osthänge, die man von der Hütte aus einsehen kann. Aufstiege etwa 1 Std.

⑥ **Valschavielkopf,** 2696 m

Ein breiter, abgerundeter, völlig freistehender Berg im Norden der Hütte, wohl das schönste Skiziel im Bereich. Eindrucksvoller Blick in vier Täler. Ideal die Kombination mit der Nordabfahrt des Stritkopfes, die über dem Valschavielsee genau gegenüberliegt.

Übersicht: Völlig freie Südhänge, mittelsteil, nach Gusto und Schnee kann man sich auch steilere Varianten aussuchen, bei Pulver und Firn gleich gut; Gipfelaufbau steil zu Fuß, kann bei eisigen Verhältnissen Schwierigkeiten bereiten; bei geschickter Routenführung nahezu lawinensicher; 1¾ Std., 350 Hm Abfahrt.

Aufstieg: Von der Hütte hinab zu den Scheidseen und talaus bis zu deren Nordende. Nun immer eben an den linksseitigen Hängen entlang in den Boden südlich des Gipfels bis kurz vor den Valschavielsee. Nun gerade über den in Stufen aufsteigenden Hang gegen den Südwestrücken. An ihm entlang auf den Boden kurz unter dem Gip-

felaufbau. Auf ihm ganz nach rechts zum Ansatz des Südostgrates. Nun entweder über die steilen Felsen (im Sommer I) oder links daneben im Schnee auf den flachen Gipfelgrat und nach links zum höchsten Punkt (Vorsicht, Wächten).

Abfahrt wie Anstieg oder (bei sicherem Firn) gleich vom Skidepot beliebig nach Süden (steile Stufen).

⑦ **Fädnerspitze**, 2788 m

Das schönste Skiziel im benachbarten Ochsental, von der Hütte jedoch etwas umständlich zu erreichen. Es bieten sich verschiedene Möglichkeiten für Rundtouren an, wobei man die Nachbargipfel Geißspitze und Östliche Fluhspitze besteigen kann.

Übersicht (Terrassenroute): Mulden, kleine Hänge Richtung Nord im oberen Teil, sanfte Westhänge über der Hütte, zwei Gegenanstiege; nur unter P.2741 m lawinös; 2¾ Std., 600 Hm Abfahrt.

Aufstieg: Wie bei ① auf die Böden unter dem Jöchligrat. Eben auf den großen Terrassen östlich unter Jöchligrat und Grünem Grat hindurch, dann 80 Hm abwärts auf die Terrasse unter dem P.2741 m. Über den mittelsteilen Hang auf die nächsten Böden. Leicht steigend durch das weite Gelände unter Schrottenkopf und Östlicher Fluhspitze hindurch auf eine ausgeprägte Rippe, die mit einer 50 m hohen Stufe nach Süden abfällt. Man steuert den obersten Einschnitt dieser Rippe an. Drüben hinab, dann über herrliche Hänge zum Nordgrat des Gipfels und mit Ski oder zu Fuß zum höchsten Punkt.

Abfahrt auf dieser Route relativ flach. Deshalb seien folgende Alternativen angeboten:

a) Über den Nordgrat und den Nordhang hinab bis zum Gegenanstieg auf die Rippe. Nun rechts durch ein Tälchen hinab ins oberste Ochsental (von hier auf die Geißspitze siehe ⑧). In schöner Fahrt durchs Tal hinaus (schneller Schnee empfehlenswert, Lawinen aus den Flanken möglich) bis in 2120 m Höhe, wo die linken Hänge flach werden. Querung nach links und Aufstieg zur Hütte; (45 Min.), 650 Hm Abfahrt.

b) Auf der Aufstiegsspur zurück bis über die erwähnte Rippe. Nun Gegenanstieg (insgesamt 30 Min.) in die Scharte zwischen Schrottenkopf und Östlicher Fluhspitze (siehe ③), letzter Hang sehr steil, eventuell zu Fuß, lawinengefährlich (Ostseite!). 500 Hm Abfahrt.

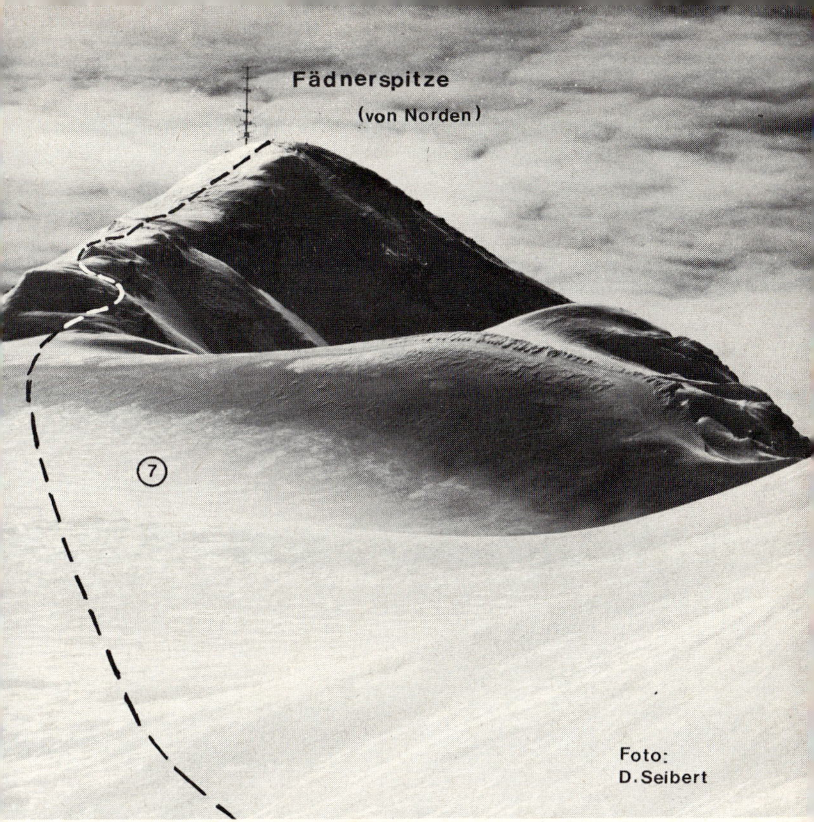

⑧ **Geißspitze,** 2779 m

Schöner, auffallender Gipfel über dem hintersten Ochsental. In Verbindung mit der Fädnerspitze sehr lohnend. Wie bei ⑦a) ins oberste Ochsental. Über die hindernislosen, mittelsteilen Hänge auf den Gipfel zu bis auf den Boden in 2560 m Höhe. In einer deutlichen Mulde von links nach rechts zum obersten Südgrat und zu Fuß über den Blockgrat zum Gipfel. 1¼ Std. zusätzlich, 300 Hm Abfahrt. Will man den Gipfel für sich alleine besteigen, dann wandert man vorteilhafter durch das gesamte Ochsental hinein.

5. Unterengadin

Das Unterengadin ist bei uns als Tourengebiet wenig bekannt. Dabei wartet auch hier eine ganze Reihe von Zielen der verschiedensten Schwierigkeiten auf die Tiefschneefreunde. Den geologischen Gegebenheiten entsprechend eignen sich Albulaberge und die Südsilvretta für Skitouren besser als die sehr schroffen Unterengadiner Dolomiten. Neun Gipfel werden auf den folgenden Seiten ausführlich vorgestellt; zwölf sind auf dieser Seite kurz skizziert. Wer sehr lange Talmärsche auf sich nimmt, findet noch weitere Möglichkeiten (wie zum Beispiel Piz Urschai, 3097 m, durch die Val Tasna).

Fil da Tuoi (2867 m), Südgipfel, nördlicher Vorposten des Piz Cotschen, schöne, freie Hänge in die Val Tuoi.

In der hinteren Val Tuoi die Chamanna Tuoi (2250 m, SAC). Großartig die Abfahrt vom **Piz Urezzas** (3065 m) bzw. von der **Hinteren Jamspitze** (3156 m). Sehr steil der **Piz Jeramias** (3136 m, felsiger Gipfelgrat), leichter der **Piz da las Clavigliadas** (2983 m) über Furcletta, Ostgrat zu Fuß, schönste Abfahrt nach Südwesten in die mittlere Val Tuoi.

Kleinschwarzhorn (2968 m), Spritztour vom Flüelapaß, steil, über den felsigen Ostgrat zu Fuß.

Piz Vadret (3229 m), einer der schönsten und auffallendsten Felsberge der Albula, hochalpines Frühjahrsziel für Bergsteiger, etwas umständlich vom Vadret da Grialetsch über die Fuorcla Barlas-ch (Gegenanstieg gut 200 Hm) zu erreichen, 100 m hoher Südostkamin zu Fuß, anspruchsvoll.

Piz Vadret Pitschen (3218 m), großartige, ebenfalls sehr anspruchsvolle und hochalpine Fahrt, vom Vadret da Grialetsch über die Fuorcla Vallorgia (Gegenanstieg 180 Hm) zur Fuorcla Puntota und im sehr steilen Gelände zum Gipfel.

Schwieriger Zugang von Schuls zur Chamanna Lischana (2500 m, SAC), von dort leicht auf **Piz Cotschen** (3046 m) und **Piz d'Immez** (3033 m), anspruchsvoller und etwas umständlich auch auf den **Piz Lischana** (3105 m, Gipfel zu Fuß).

Piz Zuort (3119 m), von Tarasp durch die Val Zuort, ungewöhnlich eindrucksvolle, sehr rassige und anspruchsvolle Abfahrt durch ein Steilkar, Gipfel sehr steil zu Fuß.

Piz Foraz (3092 m) wäre ebenfalls ein sehr schöner Skiberg (Gipfelaufbau überaus steil), wenn sich der Zugang durch die Val Plavna nicht so in die Länge ziehen würde.

Tour 103

PIZ MINSCHUN
3068 m

PIZ LA GREALA
2928 m

Silvretta

Der Piz Minschun, der südlichste Gipfel im Tasnamassiv, springt weit gegen das Unterengadin vor und bietet deshalb einen entsprechend schönen Blick. Die Lifte von Mot da Ri führen bis an den östlichen Gipfelfuß dieses Berges und verkürzen den Aufstieg ganz entscheidend. Einen kaum bekannten, sehr schönen Abstecher bietet der Piz la Greala, der westliche Vorgipfel des Minschun.

Übersicht zum Piz Minschun: Aufstieg über ziemlich steilen Südosthang, dann über den Nordgrat (meist teilweise zu Fuß) zum Gipfel; Westabfahrt oben mit Karböden, kurzer Gegenanstieg, dann steilere Wiesenhänge, schließlich ein langgezogenes Tal; nur bei sicherem Schnee und nebelfreiem Wetter; 1¾ Std., maximal 1400 Hm Abfahrt.

Talort, Zufahrt und Zugang zum Mot da Ri siehe Tour 104.

Aufstieg zum Piz Minschun: Von der Liftstation quert man die Hänge mit möglichst wenig Höhenverlust nach Norden. Nach 300 m dann Aufstieg durch die auffallende Steilmulde auf die Minschun-Nordgratschulter (Wächte). Auf oder etwas rechts des abgerundeten Grates zum Gipfel, je nach Schnee und Gusto mit Ski oder zu Fuß.

Abfahrt wie Aufstieg oder

Abfahrt nach Westen: Skiakrobaten können den überaus steilen Nordhang unmittelbar vom Gipfel weg fahren. Sonst von der Schulter noch 200 m nach Norden, dann links über einen sehr schönen Hang in den obersten Karboden. Sich an den Taleinschnitt haltend bis in 2500 m Höhe (Abzweigung zum Piz la Greala). Nun entweder direkt in die Val Urschai (steile Stufe über dem Tal) oder Querung und kleiner Gegenanstieg auf die Schulter bei P.2538. Durch ein Tälchen steil 100 Hm abwärts, dann auf einer Rampe stark nach links. Über einen Steilhang ins Tal, das man erst kurz unterhalb der Alp Urschai erreicht. Auf dem Sommerweg durch die sehr lange Val Tasna hinaus zur Straße. Nun am besten nach rechts, um Ardez (Eisenbahn-Haltestelle) zu erreichen.

Piz la Greala: Sehr lohnender Abstecher von 1½ Std. Immer durch den Taleinschnitt Clavigliadas, erst unterhalb des Grates biegt man nach rechts um zum Gipfel. Durch die geschützte Nordlage hält sich hier oft sehr guter Schnee.

Piz Linard
Piz Minschun
Schlepplifte
Mot da Ri
Foto:
F. Thorbecke

Tour 104
PIZ TASNA
3179 m
Silvretta

Rechnet man die kleinen und großen Abfahrten bei dieser Tagestour alle zusammen, dann kommt man auf 2620 Höhenmeter. Allerdings sind davon nur zwei Fünftel wirkliches Tourengelände. Man wird die Tour weder zu früh im Winter aufs Programm setzen wegen der großen Höhe und dem steilen Gipfelaufbau des Piz Tasna, noch zu spät, damit die Südhänge noch ordentlichen Schnee aufweisen.

Übersicht: Sehr schöne, hindernislose Hänge am Piz Tasna, nord- bis ostseitig, sonst Pistenbereich, teilweise reine Südseite; beste Zeit Februar bis Anfang April; Gipfelaufbau zu Fuß, teilweise exponierter Grat, bei gutem Schnee leicht, bei hartem eventuell Eisausrüstung und Seil notwendig; nur bei extremen Verhältnissen lawinös; 2¼ Std. Aufstieg (ab Auto mindestens 4 Std.), maximal 2620 Hm Abfahrt.

Talort und Zufahrt: Scuol (1244 m, deutsch: Schuls), bekannter Kur- und Ferienort, Zentrum des Unterengadin, großes Pistengebiet, Langlaufloipen; Zufahrt von Landeck über Martina durchs Inntal.

Aufstieg: Von Scuol mit der Bergbahn nach Motta Naluns und weiter mit dem Schlepper zur Bergstation (2380 m). Abfahrt nach Norden und wieder mit Schlepplift nach Mot da Ri (2590 m). Nochmals Abfahrt nach Norden und mit einem dritten Lift auf den Champatschgrat (2780 m). Nun im Tiefschnee nach Norden 160 Hm hinab auf einen Absatz, nach links über den Bach und nur noch leicht abwärts auf die Hochfläche Tiral (2520 m). Über das wellige Gelände nach Norden in die Mulde zwischen Piz Tasna und Mot. In den linken der beiden im Norden liegenden Sattel (2620 m). Hier nun rechtswinklig nach Westen abbiegen, erst auf den Piz Lavér zu, nach 15 Min. sich stärker nach links haltend auf die Zunge des Vadret da Tasna. Über die gleichmäßige Gletscherfläche auf die deutliche Ostschulter des Gipfels. Zu Fuß über den Grat, am Schluß sehr steil, zum höchsten Punkt.

Abfahrt: Zurück nach Tiral und wieder hinauf zu dem erwähnten Absatz unter dem Champatschgrat. Nun etwas mehr nach links gleich in die Fuorcla Soér (2781 m, Gegenanstieg 50 Min.). Auf der bekannten, 6 km langen Abfahrt über meist hindernislose Wiesen hinab nach Clozza und zurück zur Talstation (1,2 km).

Piz Tasna
Foto:
F. Thorbecke

Tour 105
PIZ COTSCHEN
3030 m und 2973 m
Silvretta

Der Piz Cotschen bildet ein mächtiges, ganz isoliert nach Süden vorspringendes Massiv mit herrlicher Aussicht. Die Hänge und Böden unterhalb von 2600 m bestechen durch die unbegrenzte Weite und die völlige Makellosigkeit. Der Südostrücken — ein Schneefirst, der an die Westalpen denken läßt — hingegen ist eine anspruchsvolle Tour für allerbeste Firnverhältnisse. (Vorsicht: Die Route über den SW-Grat im Flaig'schen Silvretta-Skiführer ist nicht sinnvoll!)

Übersicht: Unterhalb des Grates einfache, ideale Südhänge (auch für Pulverschnee), am Südostrücken teilweise sehr steil, nur bei griffigem Firn für erfahrene Alpinisten, Absturzgefahr; lawinös nur am Grat; vom Südgipfel zum Hauptgipfel teilweise sehr scharfer Felsgrat (bei Schnee schwierig, Seil); Südgipfel 3½ Std., Abfahrt vom Südgipfel 1300 Hm, von der Schulter 940 Hm.

Talort und Zufahrt: Ardez, 1464 m, schmucker, noch recht ursprünglicher Engadinort. Mit Pkw auf kleiner Straße nach Bos-cha, 1664 m, 2,6 km.

Aufstieg: Von den Häusern gerade über Wiesen zwischen zwei Lärchenwäldchen hindurch auf die völlig freien Hänge oberhalb 1800 m Höhe. Man hält sich nun etwas mehr nach rechts. Hoch oben erkennt man die Chamanna Cler, sie dient als Richtungspunkt. So erreicht man unterhalb der querlaufenden Steilstufe die etwas versteckte Alp Murtera Dadaint, 2149 m. Von ihr auf einem Geländerücken schräg links empor und hinein nach Maranguns. Immer schräg nach rechts zur **Chamanna Cler** (2476 m, herrliche Lage, Eigentum des Skiclub Ardez, Auskunft über Benützung und Schlüssel dort, 2½ Std. von Bos-cha). Hinter der Hütte durch ein Tälchen, dann rechts auf eine Schulter am Fuß des Südostrückens. Bis hier problemlos.

Gerade hinauf zur ersten Steilstufe, die man rechts zwischen ein paar Felsen überwindet (kurz Ski tragen). Dann immer auf dem großartigen Schneefirst ständig steil bis sehr steil auf den **Südgipfel,** 2973 m. Übliches Frühjahrsziel. Über den ausgesetzten, verwächteten Grat mit mehreren Kletterstellen über einen Zwischenkopf zum Hauptgipfel. Nur für gute Bergsteiger bei sehr guten Verhältnissen, 30 Min.

Tour 106

PIZ GRIALETSCH
3131 m

PIZ SARSURA
3178 m

Albulaberge

Diese beiden Gipfel des Grialetschgebietes bieten makellose und völlig unproblematische Abfahrten. Doch der — ebenfalls einfache — Zugang durch die scharf eingeschnittene Val Grialetsch ist stark von Lawinen bestrichen; man steuert diese Ziele deshalb erst im Frühjahr zur Firnzeit an. Bei vielem und hartem Schnee erfordert der etwa 100 m hohe Gipfelaufbau des Piz Grialetsch einen Pickel oder Steigeisen.

Übersicht: Im oberen Bereich an beiden Gipfeln weite Gletscherflächen, je nach Route flach bis mittelsteil, nord- bis ostseitig, dann langestrecktes Tal, oft mit Lawinenfeldern; Frühjahrstouren, im Tal sehr lawinös; Gipfelaufbau des Piz Grialetsch stark von den Verhältnissen abhängig; je 4¼ Std.; 1150 Hm Abfahrt am Piz Grialetsch, 1250 Hm am Piz Sarsura.

Talort und Zufahrt: Susch, 1426 m, Dorf im Unterengadin. Von dort auf der Flüelastraße zur Flessbachbrücke (Gebäude, Röven) und noch genau 1,5 km weiter hinauf über die ersten Lawinenstriche; parken am Straßenrand. Hierher natürlich auch über den Flüelapaß von Davos aus. Straße nur bei sicheren Verhältnissen geöffnet.

Stützpunkt: Will man beide Gipfel besteigen, übernachtet man auf der Chamanna da Grialetsch (2542 m, SAC, im Frühjahr zeitweise bewirtschaftet). Zugang wie unten durch die Val Grialetsch in den Talschluß. Dann über einen schönen Hang genau nach Westen zur Hütte; 2½ Std.

Aufstieg zum Piz Grialetsch: Von der Flüelastraße schräg über die Hänge (Lawinenstriche) ins Tal hinab (1900 m) und links des Baches talein zur Alp d'Immez. Immer in dem sehr gut begehbaren Talboden bis gut 1 km hinter die Alp Grialetsch (2260 m). Nun bei viel Schnee im Bacheinschnitt selbst, sonst links darüber in den Talschluß bei Punkt 2369 m. Gerade nach Süden über eine Steilstufe, dann weiter in der gleichen Richtung über sanfte Böden auf den Vadret da Grialetsch. Sich nun stärker rechts haltend auf den senkrechten Ostfuß des Piz Grialetsch zu. An den Felsen knapp links vorbei auf eine Gletscherschulter südlich des Gipfels. Auf ihr nach Westen, bis ein kleiner, steiler Schneehang zum Westgrat führt. Knapp unterhalb Skidepot. Über den exponierten Grat über Schnee und Blöcke steil auf den Gipfel.

Aufstieg zum Piz Sarsura: Wie oben zum Boden in 2260 m Höhe. Nun kann man gleich links des Tales über eine deutliche Rampe aufsteigen. Von ihrem Kopf schräg nach hinten auf einen runden Buckel und Querung hinein zum Vadret da Grialetsch. Über die makellosen Böden aufwärts gegen die Fuorcla Sarsura. Man steuert den rechten Einschnitt an (2923 m). Sich auf der anderen Seite an den Fuß der Felsen von Punkt 3027 m haltend kurze, steile Querung auf den Vadret da Sarsura. Über eine Stufe, dann wieder flach gerade aufwärts. Eindrucksvolle Route, da der Gletscher schließlich wie ein Dach gegen den Gipfel emporführt.

Steilere Variante: Nach Erreichen des Grialetsch-Gletschers hält man sich mehr südlich, um das kleine Gletscherbecken genau west-

Foto: D. Seibert

lich unter dem Gipfel zu erreichen. Gegen die Felsen aufwärts, dann schräg links empor auf ein Eisschild in der Westflanke. Ziemlich steil empor zum Grat und nach rechts zum Gipfel. Nur bei sicherem Schnee!

Abfahrten wie Aufstiege.

Piz Sarsura Pitschen (3133 m): Dieser auffallende Kegel gleich nördlich der Fuorcla Sarsura bietet ein sehr rassiges, interessantes Ziel — aber nur bei allerbestem Firn. Vom Vadret da Grialetsch gleich nach links auf eine Schulter im Südgrat (eine Stufe über der Fuorcla). Dann auf oder östlich neben der sehr steil ansteigenden Kante, das letzte Stück zu Fuß, zum Gipfel.

Tour 107

FLÜELA SCHWARZHORN

3147 m

RADÜNER ROTHORN

3022 m

Albulaberge

Das Flüela Schwarzhorn ist eine mächtige, felsige Pyramide, ein bekannter Berg, der im Sommer und Winter gerne bestiegen wird. Die wesentlich schönere Abfahrt aber bietet das Radüner Rothorn, das sich zuhinterst in der kleinen Val Radönt versteckt und von Bergsteigern und Skifahrern wenig beachtet wird. Beide Gipfel lassen sich zu einer sehr schönen Rundtour zusammenhängen, wobei man erst das Schwarzhorn besteigt.

Übersicht: Kurze, nordostseitige Touren, meist schöne Mulden, am Schwarzhorn eine Steilstufe, die zum Abschnallen zwingt; 2½ Std., 880 beziehungsweise 740 Hm Abfahrt.

Talort und Zufahrt: Der Aufstieg beginnt an der Straßenbrücke über den Radöntbach, 2263 m, 200 m oberhalb der letzten Serpentine. Zufahrt aus dem Engadin von dem kleinen Ort Susch; oder vom berühmten Wintersportzentrum Davos über den Flüelapaß (2 km östlich der Paßhöhe).

Aufstieg zum Schwarzhorn: Östlich des Radöntbaches über die anfängliche Steilstufe. Dann — sich rechts haltend — über die Böden nach Südwesten und durch eine Steilmulde unmittelbar in die Schwarzhornfurgga, 2883 m. Zu Fuß über die Steilstufe des Grates (Sommerweg meist zu sehen), dann wieder mit Ski über das auffallende Dach auf den höchsten Punkt.

Aufstieg zum Radüner Rothorn: Wie oben ins Radönttal und über die hindernislosen Böden auf den Piz Radönt zu, den man an seiner abgerundeten Form erkennt. An ihm rechts vorbei bis in die kleine Gletschermulde am Nordfuß der Kleinen Radüner Köpfe. Nicht in die Fuorcla Radönt sondern vorher nach rechts in einen kleinen Kessel und über die sehr steilen Osthänge zum Gipfel (eventuell im oberen Teil zu Fuß).

Übergang vom Schwarzhorn zum Rothorn: Von der Schwarzhornfurgga noch 50 Hm nach Osten hinab, dann quer über einen Moränenkamm nach rechts, wo man auf eine auffallende Rampe trifft. Durch die Mulden auf die Westseite des Rothorns und zum Gipfel.

Abfahrt vom Schwarzhorn wie Aufstieg, vom Rothorn je nach den Verhältnissen nach Norden oder Osten.

Foto:
L. Gensetter

Blick vom
Radüner Rothorn

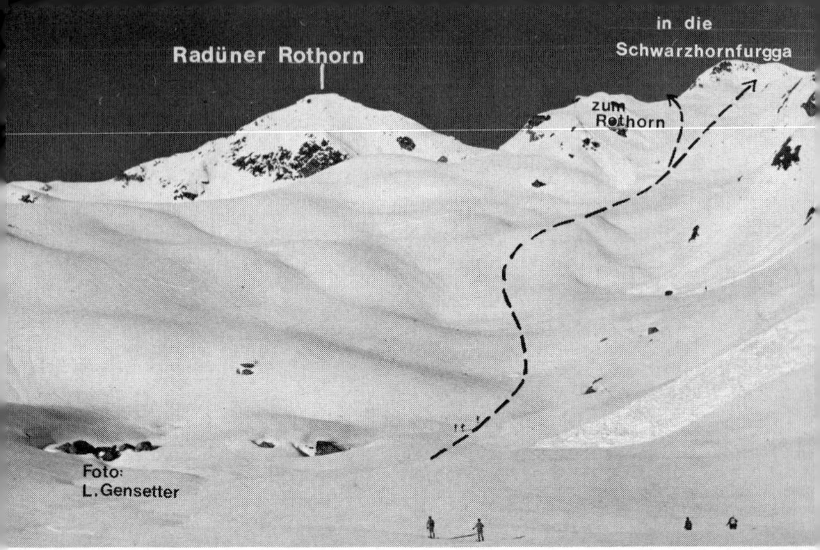
Radüner Rothorn
in die
Schwarzhornfurgga
zum
Rothorn
Foto:
L. Gensetter

Piz Radünt
Radüner Rothorn
Vadret da Radönt
Ostroute
Nordroute
Südrücken
am Schwarzhorn
Foto:
L. Gensetter

Tour 108

MOT DAL GAJER

2796 m

PIZ MEZDI

2883 m

Unterengadiner Dolomiten

Bei einem Vergleich zwischen Piz Sesvenna und Mot dal Gajer, die sich über dem S-charl-Tal gegenüberliegen, schneidet letzterer in jeder Beziehung schlechter ab, er ist niedriger, unauffälliger, unbekannter... In einem aber übertrifft er seinen großen, berühmten Bruder: Er bietet die schönere, zügigere Abfahrt. Aber auch das nicht ganz ohne Schönheitsfehler, man muß zuerst zweieinhalb Kilometer durch das nur sanft steigende Tal wandern.

Übersicht Mot dal Gajer: Sehr schöne freie Wiesen über 800 Hm, ostseitig, Tal 2,5 km lang; bei guter Routenwahl kaum von Lawinen bedroht; 3 Std., 990 Hm Abfahrt.

Talort und Zufahrt: S-charl, 1810 m, ist ein reizvolles Bergdorf (einst Bergwerkssiedlung) im noch ganz ursprünglichen, gleichnamigen Tal, einige Gasthäuser und Chalets; es handelt sich um ein Sommerdorf, die Zufahrt von Scuol-Schuls wird erst im Laufe des Mai geöffnet(!); Auskunft (auch über Schlüssel zu den Chalets) erteilt das Verkehrsamt in Scuol.

Aufstieg zum Mot dal Gajer: Von S-charl auf der Straße durch das waldige Tal bis kurz vor die Einmündung der Val Plazer von links. Hier rechts über den Bach und über eine Ministufe auf die freien Wiesen der Alp Schombrina. Zwischen einzelstehenden Bäumen ziemlich gerade aufwärts, dann über die freien Böden Richtung Piz Mezdi bis in 2400 m Höhe. Hier ist das Gelände stärker in Rücken und Gräben gegliedert. Über diese Rücken aufwärts, dann mehr nach rechts und in die Fuorcla Schombrina. Auf und neben dem Grat zum Gipfel — oder auch rechts in den steilen Südhängen.

Abfahrt wie Aufstieg.

Den **Piz Mezdi,** der etwas anspruchsvoller und eine ganze Stufe steiler ist, kann man ebenfalls von der Alp Schombrina aus ansteuern. Wie oben bis in 2400 m Höhe. Nun über einen sehr schönen Steilhang auf den oberen Ostrücken und über ihn bis in 2800 m Höhe. Der Gipfelgrat ist ziemlich scharf, Vorsicht auf Wächten. Ausweichen nach Süden.

Tour 109
PIZ SESVENNA
3205 m
Unterengadiner Dolomiten

Vor zwanzig Jahren war der Piz Sesvenna, der höchste Gipfel seiner Region, noch völlig unbekannt. Heute hat in jeder, der etwas abseitig-extravagante Touren liebt, auf seinem Ski-Programm stehen. 700 m Abfahrt führen über herrliche Böden, der mittlere und auch der untere Abschnitt hingegen ist teilweise etwas flach. Mindestens fünf Stunden sollte man für den Aufstieg ansetzen, und da man die Tour — wegen der Zufahrt — erst im Mai unternehmen kann, trifft man nicht immer auf den besten Schnee.

Übersicht: In der oberen Hälfte nord- und westseitige Böden von mittlerer bis geringer Neigung, dann ein schärfer eingeschnittenes Tal mit zwei Stufen und langgezogenen Ebenen, unterhalb der Alp Sesvenna ein Waldtal; Gipfelaufbau zu Fuß, steiler Schnee und Blockkletterei ohne größere Schwierigkeiten; Lawinengefahr durch die steilen Hänge über dem Tal, 5 bis 6 Std., 1300 Hm Abfahrt.

Talort und Zufahrt (siehe Tour 108, Mot dal Gajer).

Aufstieg: Von S-charl auf dem Ziehweg durch das waldige Tal bis zum Beginn der Wiesen unterhalb der Alp Sesvenna. Unter den Hütten nach rechts, über einen Nebenbach und dann oberhalb des scharfen Taleinschnittes in den ersten Boden der mittleren Val Sesvenna (2200 m). Über eine Stufe in den zweiten großen Boden (Marangun, 2350 m). 1 km fast eben talein, dann links des Baches über die nächste Stufe auf den dritten Boden. Hier biegt das Tal rechtwinkelig nach Süden ab. Man folgt ihm einen weiteren km, bis es — jetzt sogar im spitzen Winkel — nach Nordosten umbiegt. 80 Hm steigt man nun in dieser Richtung weiter empor, wendet sich dann nach Osten, später nach Südosten und Süden und hat damit endgültig den Vadret da Sesvenna erreicht. So hat man eine richtige Schlangenlinie beschrieben (bei Nebel große Gefahr des Verirrens!). Über eine kurze Stufe erreicht man das schöne obere Becken des Gletschers und hält auf den Gipfel zu. Man kann nun entweder die Schulter in der Mitte des Ostgrates ansteuern und von dort über den Grat zu Fuß gehen, oder man steigt noch etwas höher in der steiler werdenden Flanke an und stapft durch eine Schneerinne (steil) ziemlich direkt zum Gipfel hinauf.

Abfahrt wie Aufstieg.

Piz Sesvenna
Foratrida
Vadret da Sesvenna
Foto:
G.Dierza

Münstertal und Ofenpaßgebiet

Val Müstair lautet die offizielle Bezeichnung für den alleröstlichsten schweizerischen Landeszipfel, der aus der übrigen Schweiz nur über den Ofenpaß zu erreichen ist. Das Münstertal mündet in den Vintschgau, also ins Südtirolerische. So wird dieses Skigebiet von Norden am schnellsten über den Reschenpaß erreicht.

Dieses sehr lohnende Tourengebiet ist bis heute in Deutschland und Österreich wenig bekannt, ja, hier gab es bis vor kurzem nicht einmal ein größeres Pistengebiet. Inzwischen hat man jedoch die Umgebung der Alp da Munt und den Minschuns in der Nähe des Ofenpasses mit Liften erschlossen.

Auf den folgenden Seiten werden — vom Munt da la Bescha abgesehen — alle kleinen und mittelgroßen Fahrten über Münstertal und Ofenpaß beschrieben. Es bleiben also als weitere Möglichkeiten nur noch Fahrten durch die Val Vau (sehr weit und hochalpin) und aus der Val Muraunza (erst interessant, wenn im Frühjahr die Umbrailstraße wenigstens bis Plattatschas befahrbar ist).

Piz Terza (2909 m), auch von Sielva über Pizzet, Terza, Alp Terza und die Südosthänge möglich, wenig Wald, 1590 Hm Abfahrt!

Berge der Val Vau: Nur sinnvoll bei Übernachtung in der privaten Skihütte La Stretta. Prächtige, steile Firnhänge auf der Südostseite des Piz dal Dössradond (2906 m). Schön auch die Val Schumbraida zum Monte Forcola (2906 m, leicht) oder zum Piz Schumbraida (3124 m, sehr hochalpin, hoher Felsaufbau). Schönster Skiberg über der Val da Tea Fondada ist Punkt 2944 (mit Ski bis zum Gipfel!).

Rötlspitze (3036 m), unangenehme Steilstufe über der Val Muraunza, dann sehr schönes Gelände bis zum Gipfel (Val Costainas).

Piz Minschuns (2934 m), schöne Firnhänge in die Val Costainas (siehe Rötlspitze).

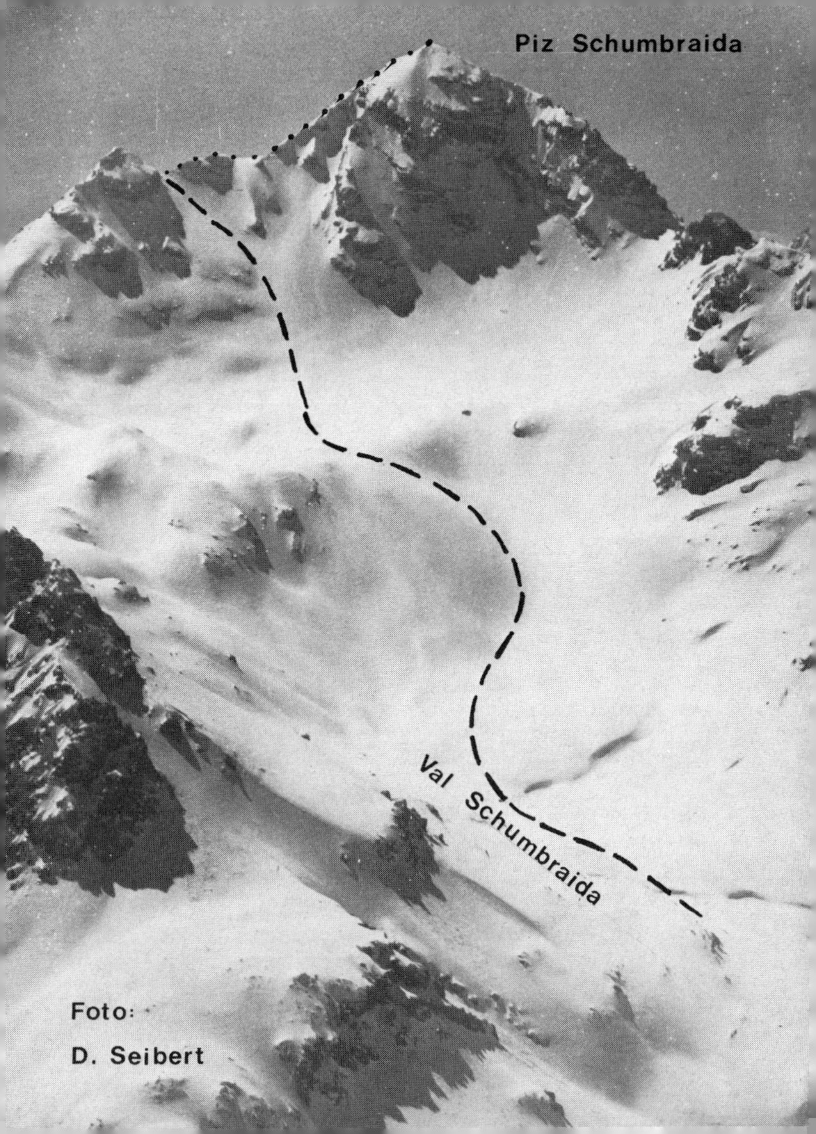
Piz Schumbraida
Val Schumbraida
Foto:
D. Seibert

Tour 110
PIZ TERZA
2909 m
MUNTET
2763 m
Unterengadiner Dolomiten

Dieser mächtige, abgerundete Bergstock ist für Firntouren wie geschaffen. Von der Alp Valmorain kann man an den verschiedensten Stellen über die Südwest- und Südhänge hinaufsteigen. Eine abwechslungsreiche Rundtour für hochwinterliche Verhältnisse sei als Ergänzung ebenfalls kurz notiert. Diese Tour erfordert jedoch unbedingt gute Sichtverhältnisse.

Talort und Zufahrt: Auf einer Terrasse 300 m über dem Münstertal liegt das Bauerndörfchen Lü, 1920 m. Gute Straße, bei Schnee jedoch Ketten angenehm.

Übersicht: Weite, freie Wiesen, südwestseitig, ganz kurzer, lichter Waldgürtel; Lawinengefahr nur zwischen Lü und Alp Valmorain (von oben aus den Hängen); 2¾ Std., 1000 Hm Abfahrt.

Aufstieg von Lü zum Piz Terza: Gleich über dem ersten Haus auf der Straße etwa zehn Minuten, dann schräg nach rechts oben durch den lichten Lärchenwald auf eine große Wiese. An ihrem Oberende trifft man auf einen Alpweg, der nach rechts zur Alp Valmorain führt. Gerade aufwärts weiter zu einem Hüttchen und nach Norden in den Boden zwischen Muntet und Piz Terza. Durch den Boden bis unter die abschließende Scharte. Hier nach Osten über einen etwas steileren Hang in weitere Karböden. Auf den Gipfel zu, dann rechts durch eine Mulde auf den scheinbaren Grat. Weitere Mulden führen bis zum Gipfel.

Abfahrt wie Aufstieg.

Der **Muntet:** Der westliche Nachbargipfel läßt sich mühelos aus der trennenden Scharte in 25 Min. besteigen. Bei Firn herrliche Abfahrt gerade nach Süden auf die Alp Valmorain zu, steil.

Rundtour von Minschuns: (Route nur skizziert). Von Minschuns (Lift) in einem Nordbogen über die Köpfe hinüber zum **Mot Radond** (2492 m). Nicht nach Osten abfahren (Felsen) sondern genau auf den Muntet zu hinab in den Paß da Costainas. Nördlich ausholend nach Costainas und weiter zum Sattel zwischen Muntet und Piz Terza. Weiterweg siehe oben. Abfahrt über den Costainaspaß bis zur Alp Champatsch und Wiederaufstieg auf einem Almweg zu den Böden östlich des Minschuns. Sich links haltend auf den Minschuns zurück.

Tour 111

PIZ VALLATSCHA

3021 m

Unterengadiner Dolomiten

Seit der Eröffnung des Pistengebietes am Minschuns ist der Piz Vallatscha zu einer richtigen Spritztour geworden. Von Süden und Norden ziehen Steilkare gegen den Gipfel hinauf, so daß man je nach den Schneeverhältnissen wählen kann. Die Südstrecke ist jedoch insgesamt zügiger, nach der Nordabfahrt muß man von Plan Mattun gut 30 Min. wieder ansteigen.

Übersicht: Von Süden — im obersten Teil sehr steiles Kar, dann flache Böden, südseitig, nur bei sicherem Schnee (Firn); von der Alp da Munt 2¾ Std., 820 Hm Abfahrt. Von Norden — sehr steiler Nord-Gipfelhang (meist Pulverschnee), dann mittelsteile Süd- bis Osthänge, Gegenanstieg; nur bei sicherem Schnee; vom Minschuns 2½ Std., insgesamt 930 Hm Abfahrt (mit Minschuns 1150 Hm).

Talort und Zufahrt: Tschierv, 1660 m, der oberste Ort im Münstertal mit Übernachtungsgelegenheiten in Hotels und Privathäusern, schöne Loipen im weiten Talboden, Pistengebiet am Minschuns. Von Tschierv auf der Ofenpaßstraße 2,5 km aufwärts, dann rechts abbiegen und zum Parkplatz unter den Minschunsliften (2140 m).

Südroute: Wegen der südostseitigen Hänge sollte man möglichst früh aufbrechen, somit kann man den Lift nicht ausnützen. Vom P genau nach Norden durch die Kuppenlandschaft und über den folgenden Hang empor. Über die flachen Böden anfangs noch nach Norden, dann am Bergfuß nach Nordwesten leicht ansteigend am Hang entlang in den Kessel südlich unter dem Gipfel. Steil über den linken Hang auf einen kleinen Boden, dann über den steilen rechten Hang zum allerobersten Südgrat und zu Fuß über einen Vorkopf zum höchsten Punkt (Vorsicht Wächten!).

Nordroute: Mit dem Lift auf den Minschuns und über die gewellten, aber sanften Hänge genau nach Norden hinab zum Plan Mattun (2300 m). Auf diesem Boden fast 1 km nach Norden in die Vallatscha d'Astras und in ihr empor, bis die Hänge steiler werden. Nun entweder in der Mitte (auf den Piz Vallatscha zu) bis in 2600 m Höhe und hier nach rechts oder — steiler — gleich über den Hang rechts des Grabens. Im Karboden in einem weiten Bogen bis nördlich unter den Gipfel. Über den ziemlich steilen Hang zum alleroberrsten Nordostrücken und zu Fuß zum höchsten Punkt.

Abfahrten wie Aufstiege.

Piz Tavrü
Piz Vallatscha
Südroute
Nordroute
Foto:
D. Seibert

Tourengebiet 11
(Tour 112–117)

BERGE ÜBER DEM OFEN-PASS

Münstertaler Alpen

Zwei leichte und zwei anspruchsvolle Gipfel lassen sich in diesem kleinen, noch verhältnismäßig wenig besuchten Skigebiet besteigen. Die Touren sind relativ kurz, da die Ausgangspunkte schon etwa 2000 m hoch liegen. Man kann also hier noch im April, ja selbst im Mai unterwegs sein. Eines haben die Touren gemeinsam: Eine begeisternde Aussicht, nach Norden auf die zerklüfteten Gipfel der Unterengadiner Dolomiten, im Süden tauchen die großen Eisberge von Ortler und Bernina auf.

Ausgangspunkt und Zufahrten: Den Mittelpunkt des Gebietes bildet der Ofenpaß (Pass dal Fuorn, 2149 m), auf dem ein gemütliches Gasthaus steht. Zufahrt von Osten aus dem Münstertal (siehe Tour 111), von Westen aus dem Unterengadin, gute Paßstraße, den ganzen Winter über offen.

① **Munt Buffalora,** 2630 m

Der Munt Buffalora ist ein mächtiges, breitgelagertes Bergmassiv mit einem langen Gipfelgrat und stark gegliederten Hängen. So sind die verschiedensten Varianten möglich. Eine bequeme, einfache Halbtagstour von Stradin, läßt sich zudem ideal mit dem Munt Chavagl kombinieren.

Übersicht: Nordseitige Mulden, kurze unschwierige Waldstufe; bei geschickter Wegführung kaum lawinös; 2¼ Std., 660 Hm Abfahrt.

Aufstieg: Vom Ofenpaß mit dem Auto auf der Straße 2 km nach Westen abwärts auf den großen Boden bei Stradin, 1970 m. Nun zu Fuß über die ganz flachen Wiesen nach Süden zur Alp Buffalora. Nach Süden in ein Tälchen und sich etwas links haltend auf dem Sommerweg im ganz lichten Wald über die folgende Stufe auf den freien Rücken. Hier nun stark nach rechts und an den Fuß des Bergmassivs. Jetzt entweder ziemlich gerade über kleine Steilstufen und durch Mulden zum Nordrücken oder flacher dorthin in einem weiten Westbogen. Über den Rücken auf den Nordgipfel (2627 m) und durch eine Senke zum höchsten Punkt.

Abfahrt wie Aufstieg.

② **Munt Chavagl**, 2542 m

Den „Pferdeberg“ besteigt man am besten als „Vorspeise“ zum Munt Buffalora, eine nette, gemütliche Kombination.

Übersicht: Kurzer, steiler Gipfelaufbau, sonst sanfte, weite Böden, vor allem bei Pulverschnee lohnend; Gipfelmassiv schneebrettgefährdet; 2 Std., 570 Hm Abfahrt (mit Munt Buffalora 900 Hm).

Aufstieg: Wie beim Munt Buffalora zur gleichnamigen Alp. Nun knapp oberhalb des Bacheinschnittes im lichten Lärchenwald nach Westen zu den freien Mulden. Flach in den Sattel am Südostfuß des Berges. Nun schräg durch die steilen Südhänge auf die Westseite und steil auf den Gipfel.

Abfahrt wie Aufstieg oder

Übergang zum Munt Buffalora: Auf dem Anstiegsweg zurück bis zu dem Boden in 2300 m Höhe. Kurze Querung nach Osten, dann über die freien Hänge zum Nordgrat des Munt Buffalora und weiter wie bei ①, 1 ¼ Std.

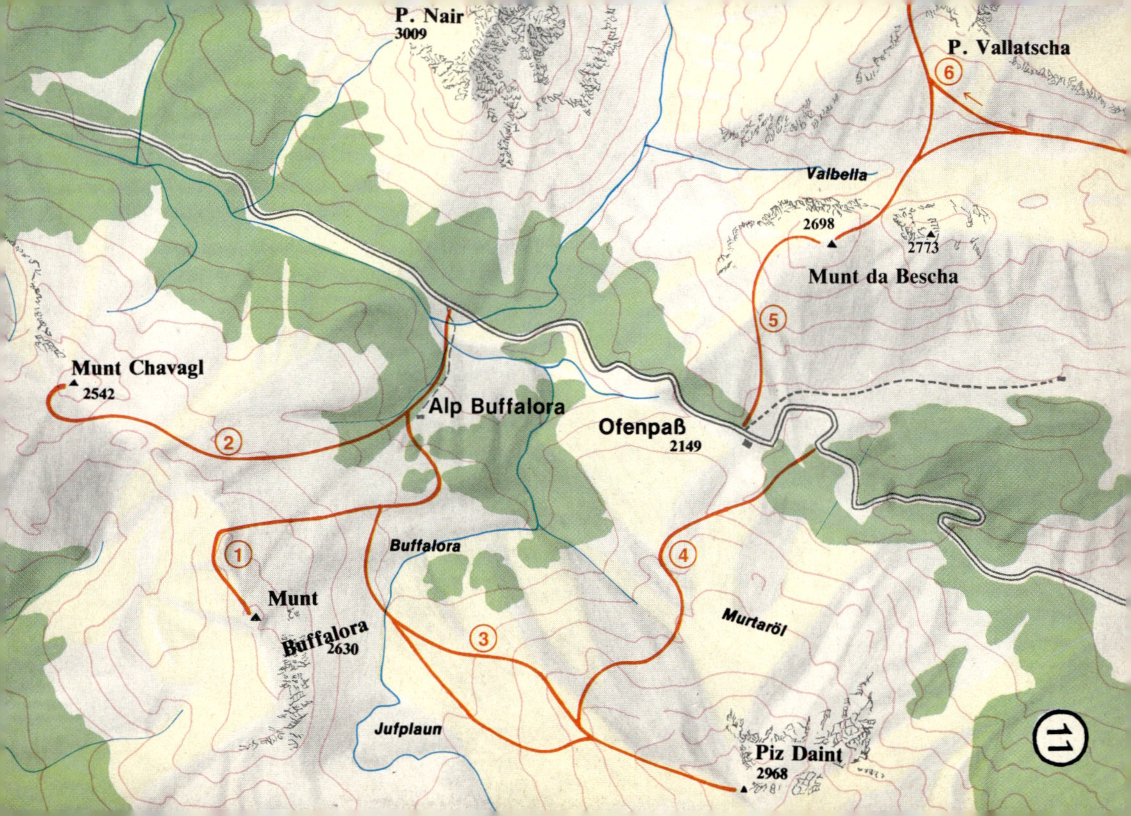

P. Nair
3009
P. Vallatscha
6
Valbella
2698
2773
Munt da Bescha
5
Munt Chavagl
2542
Alp Buffalora
Ofenpaß
2149
2
1
Buffalora
4
Munt
Buffalora
2630
3
Murtaröl
Jufplaun
Piz Daint
2968
11

③ **Piz Daint** (über Alp Buffalora), 2969 m

Bei sicherem, guten Firn bietet der Piz Daint zwei ganz herrliche Steilabfahrten. Zudem ist er ein schöner, mächtiger und ganz isoliert aufragender Gipfel mit ungehindertem Fernblick — zwei Gründe, daß auch Sie den Gipfel einmal auf Ihr Programm setzen sollten. Die rätoromanische Bezeichnung Piz Daint bedeutet soviel wie Hintere Spitze (im Gegensatz zum Piz Dora, der Vorderen Spitze).

Übersicht: 700 Hm sehr steile Hänge und Rücken am Gipfelmassiv, nach Westen ausgerichtet, dann flache Böden, Minigegenanstieg; nur bei sicherem Firn; 3¼ Std., 1000 Hm Abfahrt.

Aufstieg: Wie bei ① auf den freien Rücken. Mit möglichst wenig Höhenverlust nach Südwesten ins Bachtal und auf der anderen Bachseite über einen kurzen Hang mit einzelnen Bäumen auf die große Geländestufe (P 2219 m). Kurz nach Süden über einen Bach, dann links über den kurzen Hang auf den ebenen Absatz direkt am Fuß des Bergmassivs. Hier zwei Möglichkeiten: a) anfangs sich rechts haltend, dann ziemlich gerade nach Osten über den steilen Hang zum Nordwestgrat knapp oberhalb von P 2641m; b) leicht links über den sehr steilen Hang schon auf den unteren Teil des Nordwestrückens. Über den abgerundeten, steil ansteigenden Grat zum Gipfel.

Abfahrt wie Aufstieg.

④ **Piz Daint** (über Murtaröl), 2969 m

Die zügigere und insgesamt interessantere der beiden Routen, das Tälchen unter Il Jalet ist jedoch von Lawinen bedroht (Ostseite!).

Übersicht: Rassige, sehr zügige Abfahrt, oben Westrücken (steil), dann Nordhänge, schließlich eine ostseitige Steilmulde; nur bei ganz sicherem Firn; früher Aufbruch ratsam; 2¾ Std., 900 Hm Abfahrt.

Aufstieg: Da das Tälchen unter Il Jalet vom Ofenpaß aus nur durch eine äußerst steile Querung zu erreichen ist, startet man besser auf dem ersten Boden östlich unter dem Paß. Von der Straße eben nach Südwesten in das erwähnte Tälchen und steil hinauf in den abschließenden, weiten Sattel. Nun unbedingt erst 150 Hm Richtung Piz Daint ansteigen (bis kurz unter die steilen Gipfelhänge). Erst

Piz Daint
Nordroute
Westroute
2. Variante
Foto:
R. Rother

Piz Daint (Nordroute)
Foto:
L. Gensetter

hier nach rechts und diagonal empor zum Südwestrücken. Über den abgerundeten, steil ansteigenden Grat zum Gipfel.

Abfahrt wie Aufstieg.

⑤ **Munt da la Bescha** (Westgipfel), 2698 m

Haben Sie Spaß an sehr steilen, aber abwechslungsreichen Firnfahrten? Dann steigen Sie doch einmal auf den Westlichen Munt da la Bescha (= Schafberg). Sichere Schneeverhältnisse sind natürlich unbedingte Voraussetzung.

Übersicht: Teilweise sehr steile West- und Südhänge, die Steilstufen werden jedoch durch flache Absätze „entschärft"; nur bei bestem Firn für sichere Fahrer; 1½ Std., 550 Hm Abfahrt.

Aufstieg: Unmittelbar vom Paß weg nach Norden durch eine leicht bewaldete Buckellandschaft an den Bergfuß. Von rechts nach links über eine erste sehr steile Stufe, gleich darauf ebenfalls von rechts links über eine zweite. So kommt man auf den großen Absatz genau im Westen des Gipfels. In einem Nordbogen über den Steilhang zum höchsten Punkt.

Abfahrt wie Anstieg.

⑥ **Piz Vallatscha,** 3021 m

Eine sehr rassige und anspruchsvolle Tour ist der Piz Vallatscha direkt vom Ofenpaß aus über den Munt da la Bescha. Man sollte auch auf dieser Route aufsteigen (und nicht wie bei Tour 111), von oben ist nämlich die richtige Abfahrt kaum zu finden.

Übersicht: Siehe ⑤ und die Südroute von Tour 111; nur bei allerbesten Verhältnissen und nur für gute Skibergsteiger; 3½ Std., insgesamt 1210 Hm Abfahrt.

Aufstieg: Wie bei ⑤ auf den Westgipfel des Munt da la Bescha. Über den Nordostrücken (kurze Stufe) in den Sattel 2588 m hinab. Man kann den Gipfel auch in 2500 m Höhe auf der Südseite queren. Durch die steilen Hänge schräg nach rechts in die Valbella. Über schöne Hänge nach Norden und weiter wie bei der Südroute von Tour 111.

Abfahrt wie Aufstieg. Gegenanstieg zum Munt da la Bescha 30 Min.

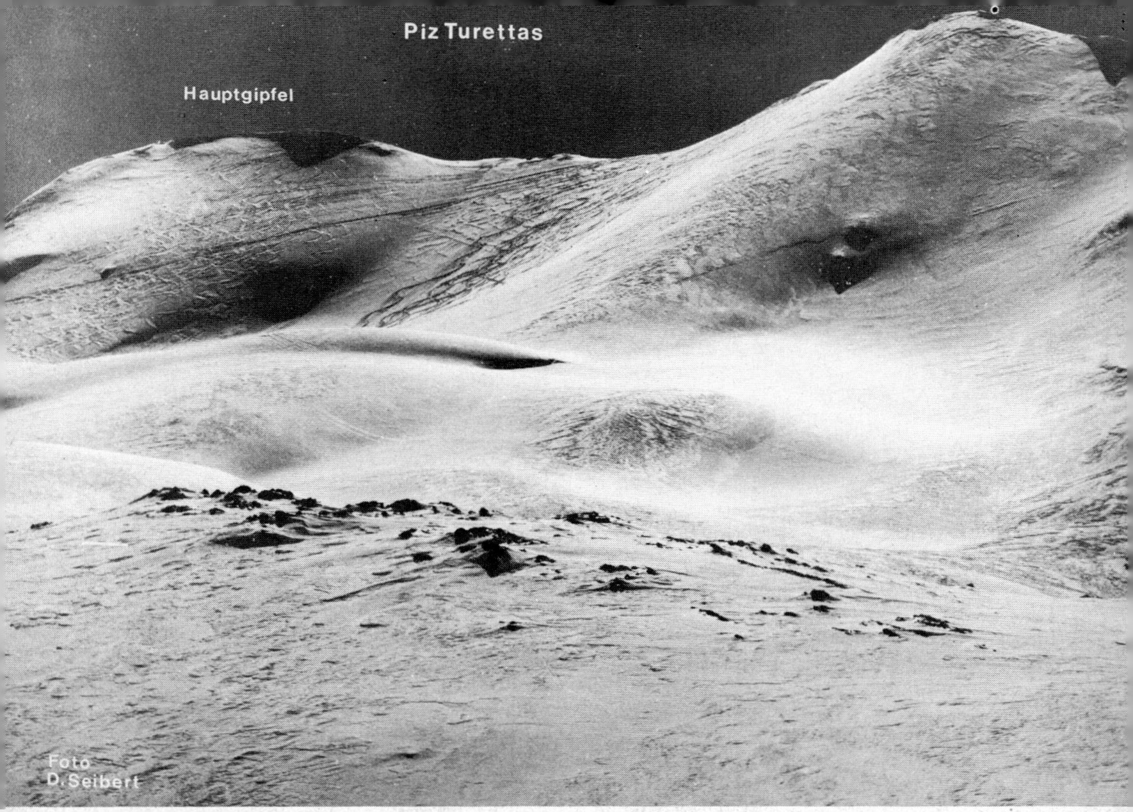
Piz Turettas
Hauptgipfel
Foto
D. Seibert

Tour 118
PIZ TURETTAS
2958 m
PIZ DORA
2951 m
Münstertaler Alpen

In den letzten Jahren erhielten auch Piz Turettas und Piz Dora — die einst absolut einsam waren — ziemlich häufigen Besuch. Bei nicht zu geringer Schneelage und Pulver gehören beide Ziele zu den ausgesprochenen Ski-Schmankerln (sofern man dieses bayerische Wort im schweizerischen Münstertal verwenden darf). Von den beiden Routen sei hier die von Fuldera beschrieben, da die Abfahrt etwas waldfreier ist.

Übersicht: Gipfelbereich des Piz Dora steil, am Turettas nur die allerobersten Meter, dann weite Böden bis zur Alp Sadra, unterhalb Lichtungen und lichter Lärchenwald; Lawinengefahr allenfalls in der Gipfelregion; nordseitig, am besten bei Pulver; 4½ Std., 1320 Hm Abfahrt.

Talort und Zufahrt: Ausgangspunkt ist das Dorf Fuldera, 1638 m, an der Hauptstraße des Münstertales gelegen; Übernachtungsmöglichkeiten im Gasthaus und in privaten Zimmern. Mehr Auswahl im benachbarten Tschierv.

Aufstieg von Fuldera zum Piz Turettas: Von Fuldera Dora 400 m auf der Straße bis zum letzten Haus von Fuldera Daint, hier Parkmöglichkeit. Gerade über die Wiese zum Waldrand und hinauf zum sichtbaren Wasserschloß. Hier nun auf dem alten Ziehweg immer schräg nach rechts über Wiesen, Waldstücke und Lichtungen zu einer Straße. Am besten weiter auf dem Ziehweg in bisheriger Richtung. In 1925 m Höhe macht er eine Kehre nach links und führt zur Alp Sadra (2046 m). 150 Hm gerade hinauf, dann nach rechts auf einen Absatz. Immer schräg rechts weiter auf den freien Hängen zur Geländestufe beim Lai da Chazforá. An dem Buckel genau im Süden auf der rechten Seite weiter aufwärts bis vor den Piz Chazforá. Erst jetzt über die flachen Böden nach Osten auf den Piz Turettas zu. Die letzte Stufe überwindet man auf dem Hang ganz links und erreicht so den Ostgipfel von Norden.

Zum Piz Dora: Vor dem Lai da Chazforá nach Westen ins Tälchen Las Chünas, oben rechts aus ihm hinaus und gerade zum Gipfel.

Abfahrt: Wie beim Aufstieg bis zur Alp Sadra. Von ihr gerade zum Waldrand, dann zwischen den Bäumen etwas nach links bis auf die Straße. Auf ihr nochmals nach links bis zu den nächsten Lichtungen. Nun wieder gerade hinab.

Piz Dora
Piz Turettas
Piz Dora
Foto:
D. Seibert

6. Oberengadin

Bei dem Wort Oberengadin denken die meisten Skitourenfahrer ganz automatisch an die Berninagruppe mit ihren mächtigen, sehr anspruchsvollen Eisbergen. Vielen ist es völlig unbekannt, daß auf den Kenner hier eine Fülle von Touren mittlerer Größe — etwa den Sellrainbergen vergleichbar — wartet. Ein paar stellen wir auf den folgenden Seiten vor, einige werden hier kurz gestreift, die restlichen sollen unerwähnt bleiben, es muß ja nicht jeder Geheimtip zur Modetour werden!

Albulagruppe: Da der Zugang zur Chamanna d'Es-cha ziemlich lawinös ist, wird der schönste und höchste Albulaberg, der Piz Kesch, 3418 m, im nächsten Band besprochen (Aufstieg von Bergün). Bei zumindest teilweise offener Albulastraße lockt die Crasta Mora, 2952 m, durch das Nordkar zwischen beiden Gipfeln. Ein herrliches Skigebiet ist die Umgebung der Jenatsch-Hütte (mit Piz d'Err und Piz Calderas, 3397 m); da man diese Hütte jedoch meist von der Westrampe der Julierstraße aus aufsucht, paßt auch dieses Gebiet besser in den anschließenden Führer. Wer steile Hänge liebt, dem sei der Piz Grevasalvas, 2932 m, von Plaun da Lej über Grevasalvas und Lej Nair empfohlen. Auch der Piz Lunghin, 2780 m, kann auf teilweise gleicher Route bestiegen werden.

Berninagruppe: Einfache Ziele sind Muott' Ota, 2458 m, von Fex-Vaüglia über Güve, und Piz Salatschina, 2824 m, über dessen Nordosthänge von Fex-Curtins. Eine großartige, aber sehr anspruchsvolle Hochtour bietet der Piz Tremoggia, 3441 m, aus dem hintersten Fextal über die Fuorcla Fex Scerscen; fast die gleiche Route führt auch auf den Pizzo Malenco, 3438 m. Von der Bovalhütte aus lassen sich Piz Chalchagn, 3154 m, Piz Mandra, 3091 m, und Piz Misaun (Nordgipfel, 3249 m, sehr lohnend!) besteigen.

Languardgruppe: Hier sei nur der Piz Muragl, 3157 m, erwähnt, den man von Muottas Muragl über den Lej Muragl und ein ziemlich steiles Gletscherchen erreicht; Abfahrt durch die Val Muragl.

Keschnadel
Piz Kesch
Porta d'Es-cha
Vadret da Porchabella
Foto:
L. Gensetter

Corn Alv
Piz Surgonda
Val d'Agnel
Foto:
R.Rother

P. 3160
Muot Cotschen

Tour 119

CORN CHAMUOTSCH

3017 m

CORN SUVRETTA

3072 m

Albulaberge

Der Corn Chamuotsch, zu deutsch das Gemsenhorn, ist ein relativ kleiner Gipfel gleich nördlich der Fuorcla Güglia, ein reizvolles, unproblematisches Ziel bei Firnschnee. Wer der Tour durch die Valletta dal Güglia einen anspruchsvolleren Abschluß geben will, der wird über den recht steilen Südwesthang den nördlichen Nachbargipfel, den Corn Suvretta, besteigen. Schließlich bietet sich noch ein Übergang aus dem Pistengebiet des Piz Nair an.

Übersicht: Leichte, hindernislose Fahrt in der Valletta dal Güglia, schöne Mulden im oberen Teil, steile Hänge zu den Gipfeln, den Chamuotsch besteigt man eventuell zu Fuß (steil aber unschwierig); Lawinengefahr aus den Flanken im untersten Teil des Tales; das Tal schaut nach Süden, deshalb früher Aufbruch ratsam; 3 Std., max. 870 Hm Abfahrt.

Talort und Zufahrt: Silvaplana, 1815 m, Ferienort im obersten Engadin. Berühmtes Pistengebiet am Piz Corvatsch; sehr reizvolle Langlaufmöglichkeiten im Bereich der Oberengadiner Seen. Zufahrt auf der Julierpaßstraße bis in den Boden der Alp Güglia, 2200 m.

Durch die Valletta dal Güglia auf den Piz Chamuotsch: Anfangs rechts, dann besser links des Baches über eine kurze Stufe. Nun eine zeitlang ziemlich flach talein. Um Il Ness (Südwestgrat des Gipfels) herum und durch eine schöne Mulde in die Fuorcla Chamuotsch, 2923 m. Nun entweder zu Fuß direkt rechts neben dem Nordgrat zum Gipfel (steil) oder noch etwas weiter rechts mit Ski zum obersten Westgrat und über ihn zum höchsten Punkt.

Auf den Corn Suvretta: Wie oben bis zum Unterende der erwähnten Mulde (2700 m). Genau nach Norden über eine steilere Stufe. Nun schräg nach rechts bis unter den Gipfel und in der Fallinie sehr steil genau zum höchsten Punkt.

Rundtour vom Piz Nair: Von der Bergbahnstation hinab zum Lej Suvretta. Immer genau in 2600 m Höhe 15 Min. nach Süden auf einen scharfen Moränenkamm. Nun erst nach Westen dann nach Südwesten hinauf in die Fuorcla Güglia. Zu Fuß oder mit Ski ziemlich steil auf den Corn Chamuotsch. Zurück in die Fuorcla. Durch die Mulde abwärts, in Höhe der Felsen (2760 m) nach links zu einem rampenartigen Rücken und auf ihm steil in die Valletta dal Güglia hinab.

Tour 120
PIZ SURGONDA
3197 m
Albulaberge

Zwei große Talabfahrten bietet dieser Gipfel. Wegen ihrer Südlage eignen sich beide vor allem für das Frühjahr, ja, sie können durchaus auch noch im Mai angesteuert werden, da einen das Auto schon in eine Höhe von 2200 m bringt. Nebelfreies Wettter ist für diese Tour Voraussetzung, man findet sich sonst auf den weiten Böden nicht zurecht.

Übersicht: Die beiden Täler ähneln sich in ihrem Charakter, darüber jeweils weite Mulden und Böden, Gipfelaufstieg gemeinsam, entweder sehr steil mit Ski oder die letzten 40 Min. zu Fuß; in den Tälern Lawinen aus den Flanken möglich, Gipfelaufbau eventuell lawinengefährlich; 4 Std., max. 1000 Hm Abfahrt.

Talort und Zufahrt: Siehe Tour 119. Für die Val d'Agnel muß man den Julierpaß überqueren und bis zum Boden an der Ausmündung des Agnel-Tales weiterfahren (2200 m).

Aufstieg durch die Valletta dal Güglia: Wie bei Tour 119 in die mittlere Valletta bis zu der Stelle, wo sich der Bach verzweigt (2540 m). Nun über den Hang links des linken Baches ziemlich steil nach Nordwesten auf einen Absatz. Über die weiten Böden, am auffallenden Felsen Crap Alv links vorbei in ein Tälchen und in der gleichen Richtung weiter auf die Hochfläche von Margun. Nach links auf den Südrücken von P. 3160 m und über ihn bis zum Steilaufschwung. Nun entweder zu Fuß über den Grat (die Türmchen umgeht man rechts im steilen Schnee) zu P. 3160 m und über einen kleinen Sattel zum Hauptgipfel; ohne Kletterei, aber zum Teil ziemlich steil. Oder mit Ski nach links in die Hänge bis unter den kleinen Sattel und sehr steil in ihn empor.

Aufstieg durch die Val d'Agnel: An der ersten Engstelle des Tales links oberhalb vorbei, dann hindernislos bis zur Talverzweigung in 2530 m Höhe. Auf dem linken Teil des Keiles zwischen den beiden Bächen über die Stufe, dann sofort wieder nach rechts. Die Hänge zwischen Corn Alv und P. 2980 m werden von einem Rücken in der Mitte zerschnitten. Entweder südlich des Rückens auf den oben erwähnten Südgrat des P. 3160 m und weiter wie dort oder durch die schöne Mulde östlich von P. 2980 m und direkt in die oben beschriebene kleine Scharte.

Abfahrten wie Aufstiege. Als Rundtour nicht zu empfehlen, da die Ausgangspunkte ja weit auseinander liegen.

Tour 121

PIZ DA LAS COLUONNAS

2960 m

PIZ D'EMMAT DADAINT

2927 m

Albulaberge

Diese beiden so rassigen Touren sind ausgesprochene Geheimtips, man kann nämlich die Abfahrten — vor allem am Culounnas — nicht einsehen. So blieben sie bis heute fast unbekannt. Der hohe Ausgangspunkt macht es uns leicht, beide Ziele an einem Tag aufzusuchen, wobei man den Piz d'Emmat wegen seiner Ostlage zuerst besteigt. Lawinensichere Verhältnisse und nebelfreies Wetter sind unbedingt notwendig.

Talort und Zufahrt siehe Tour 119.

Übersicht zum Coluonnas: Süd- und westseitige, teilweise sehr steile Hänge; nur bei sicherem Firn; 2¾ Std., 750 Hm Abfahrt.

Aufstieg zum Piz da las Coluonnas: Gleich westlich der Julier-Paßhöhe nach Südwesten über die deutliche Abdachung zur Schulter bei P. 2449 m. 50 Hm hinab zum Leg Grevasalvas. Am linken Ufer entlang, bis sich links nach 400 m eine Mulde öffnet. Richtung Piz Lagrev an einem Moränenkamm entlang 120 Hm aufwärts in einen Boden. Nun scharf nach links in fast nördlicher Richtung durch ein Tälchen (oben sehr steil) in den Sattel unmittelbar östlich von P. 2808 m. Links der Kante öffnet sich nun eine versteckte Mulde, die auf einen Vorkopf führt (2920 m). Über den Kamm zum höchsten Punkt.

Abfahrt wie Aufstieg; bei ganz sicherem Schnee kann man jedoch in 2600 m Höhe das Tälchen nach rechts verlassen und über den Steilhang schräg rechts zu Punkt 2449 m direkt abfahren.

Übersicht zum Emmat: Oben sehr steile Osthänge, dann flaches Nordtal; nur bei ganz sicherem Firn; 2 Std. vom Leg Grevasalvas, 700 Hm Abfahrt (mit Piz da las Coluonnas 1250 Hm Abfahrt).

Aufstieg vom Leg Grevasalvas zum Piz d'Emmat Dadaint: Vom Südende des Sees etwas nach rechts und über den Rücken, der den scharf eingeschnittenen Bach links begleitet, bis unter P 2585 m. Unter dem Kopf westlich durch, dann flach ins Tal und in ihm einwärts bis in den kleinen Boden gleich unterhalb der Fuorcla Grevasalvas. Sich erst rechts haltend über den Osthang des Piz Emmat, im oberen sehr steilen Teil dann stark links gegen den Ostgrat, die letzten Meter eventuell zu Fuß.

Abfahrt wie Aufstieg.

Piz da las Coluonnas
Piz Lagrev
Bergell
Piz d' Emmat Dadaint
Foto:
L. Gensetter

Tour 122
PIZ LAGREV
3164 m
Albulagruppe

Der Piz Lagrev ist nicht ein einzelner Gipfel sondern ein mächtiger, kilometerbreiter Bergstock. Zwischen seine beiden Nordgrate ist der Vadret Lagrev eingelagert, ein idealer Ski-Gletscher. Doch der Zugang von der Julierstraße und der lange, überwächtete Gipfelgrat stempeln die Fahrt zu einem hochalpinen Frühjahrsunternehmen.

Übersicht: Rein nordseitige Karböden, Hänge und Gletscherflächen, eine sehr steile, lawinenbedrohte Stufe; der 1 km lange Gipfelgrat ist oft mit Wächten verziert und kann dann Mühe und Schwierigkeiten bereiten (viele Besteiger geben sich mit Punkt 3109 zufrieden); 4½ Std., 900 Hm Abfahrt.

Talort und Zufahrt: Silvaplana, 1815 m, siehe Tour 119. Auf der Julierstraße (zu Zeiten Ketten angenehm) bis in 2200 m Höhe (500 m vor der Alp Jüglia).

Aufstieg: Über die mittelsteilen Hänge gerade empor in den Karboden westlich unter der auffallend glatten Wand des Piz Polaschin. Der Boden wird von einem Felsriegel abgeschlossen, in dem nur ganz links — unter den Polaschin-Wänden — eine Bresche ist. Über den recht steilen Hang (Lawinen!) empor und so bald als möglich rechts hinaus. Über die sanften Böden erst nach Süden, dann mehr nach Südwesten zum Lej Lagrev. Anfangs links, dann in der Mitte des Vadret Lagrev aufwärts, über den im Frühling meist gut überschreitbaren Bergschrund auf den Kamm. Nun nach rechts (Westen) und über einen Zwischenkopf auf Punkt 3109 m. Hier beginnt der 900 m lange Gipfelgrat, der rechts in steilen Wänden abbricht, links zum Teil Wächten aufweist. Mit Ski über den weite Strecken fast waagrechten Grat bis zum Gipfel, was unter Umständen eine heikle Sache sein kann. Erst die allerletzten Meter zu Fuß zum höchsten Punkt.

Wer sich diese Mühe sparen will, gibt sich mit dem Punkt 3109 m zufrieden.

Abfahrt wie Aufstieg.

Piz Lagrev
P.3085
P.3109
Foto:
L.Gensetter

Tour 123

CIMA DI ROSSO

3366 m

MONTE SISSONE

3330 m

CIMA DI VALBONA

3033 m

Bergell

Der Monte Sissone ist der bekannteste Bergeller Skiberg, obwohl an sich die benachbarte Cima di Rosso (= Rotspitze) das stolzere Ziel wäre, ist sie doch der Hauptgipfel in diesem Bereich. Der Gletscherteil, der gegen die beiden Gipfel emporzieht, ist ungewöhnlich und recht tückisch zerklüftet; hier sollte man unbedingt anseilen. Ein im Vergleich harmloses Ziel ist die Cima di Valbona.

Übersicht: Oben ziemlich steile, stark zerklüftete Gletscherhänge nach Westen, darunter flaches Becken; Gipfelaufbauten von Cima di Rosso und Monte Sissone zu Fuß, aber ohne größere Schwierigkeiten; 4 Std., Übergang von einem Gipfel zum anderen 50 Min., 770 Hm Abfahrt zur Hütte, 1490 Hm nach Maloja.

Talort, Zufahrt und Stützpunkt siehe Tour 124.

Aufstieg: Über die weiten Gletscherflächen nach Süden bis an den Fuß des Torrone Orientale. Wegen der Spalten sollte man nicht vorher links abbiegen. Im südlichen Teil der hier steil gegen den Monte Sissone hinaufziehenden Gletscherflächen (anseilen) bis in etwa 3000 m Höhe. Nun stark nach links und immer auf den Gipfel der Cima di Rosso zu. Mit Ski bis in etwa 3280 m Höhe, dann zu Fuß über einen steilen Firnhang zum obersten Westgrat und nach rechts zum Gipfel. Will man zum Sissone, so schwenkt man in 3100 m Höhe nach Osten ein, erreicht den Sattel zwischen beiden Gipfeln und wandert über den Eisrücken nach Süden. Auch hier Skidepot in etwa 3280 m Höhe. Über den kurzen Grat zum Gipfel.

Abfahrten wie Aufstiege.

Die **Cima die Valbona** liegt im Kamm zwischen Monte Rosso und Cima di Vazzeda. Über den linken Teil des Gletscherarmes, der zwischen den beiden genannten Bergen nach Osten zieht, auf den Gipfel zu. Dann nach rechts steil in den Passo Vazzeda. In mittelschwerer Kletterei über den kurzen Grat zum Gipfel. Abfahrt wie Aufstieg.

Cima di Rosso
zum
Monte Sissone
Vadrec del Forno
Foto:
A. Granwehr

Tour 124

CIMA DI CASTELLO

3392 m

CIMA DAL CANTUN

3354 m

Bergell

Die Cima di Castello, der höchste Gipfel des schweizerischen Bergells, ist ein herrlicher Berg von auffallend viereckiger Form (Name!). Die Besteigung vom Fornobecken aus ist eine anspruchsvolle, hochalpine Sache ausschließlich für gute Bergsteiger. Ist der Gipfelaufschwung eisig, dann kann man die Cima dal Cantun anpacken, deren Felsen sonniger und dadurch schneller trocken sind.

Übersicht: Oben mittelsteile, von Spalten zerfurchte Osthänge, dann flaches Gletscherbecken, Skiabfahrt für beide Gipfel gleich; Gipfelaufbauten je nach Verhältnissen schwierig (Seil); 4½ Std., 700 Hm Abfahrt zur Hütte, 1420 Hm nach Maloja.

Talort und Zufahrt: Maloja, 1815 m, südlichster Ort des Engadin, fast immer ohne Probleme von Norden (St. Moritz) auf guter Straße zu erreichen.

Stützpunkt: Capanna del Forno, 2574 m, SAC, 48 Plätze, Hüttenschlüssel beim Hotel Kulm in Maloja. Beste Zeit: April und Mai.

Zugang: Von Maloja auf dem Sträßchen anfangs ganz flach durch die reizvolle Val Forno zur Talverzweigung. Rechts durch den hier engen Taleinschnitt (Lawinen) zum Fornogletscher und auf der breiten Gletscherzunge bis hinter die Hütte (die 100 Hm über dem Tal in den Hängen des Monte del Forno liegt), dann nach links und im Bogen zu ihr hinauf. 4 Std.

Aufstieg: Über die weiten Gletscherflächen nach Süden bis an den Fuß des Torrone Occidentale. Nun immer schräg von links nach rechts aufwärts unter der Punta Rasica und der Cima di Castello hindurch gegen den Felssporn P 3079 m an der Cima dal Cantun. Diese stark gewellte Gletscherfläche ist von Brüchen und Querspalten durchzogen. Hinauf gegen den Passo del Cantun, die letzten 50 Hm sehr steil zu Fuß zum Grat. Nach links an den sehr steilen Gipfelaufbau und gerade hinauf zur Gipfelfläche (im Sommer II) des Castello. Bei der Besteigung der Cima dal Cantun kann man gleich den Firnsattel (sehr steil) rechts des Passes ansteuern. Über den Firnrücken nach Norden, schließlich über einen Zackengrat zum Gipfel.

Abfahrt wie Aufstieg.

Foto
R. Lindner

Tour 125
PIZ FORA
3363 m
Berninagruppe

Ein herrlicher Skiberg über der scharf eingeschnittenen Val Fex im westlichen Berninagebiet. In vorhandenen Führern und Büchern wird der Berg allzu kurz und oberflächlich beschrieben; wegen der Länge des Anstiegs, der großen Höhe und des komplizierten Geländes handelt es sich hier durchaus um eine große, hochalpine Fahrt, die zum Beispiel unbedingt ein nebelfreies Wetter erfordert. Es ist auch selbstverständlich, daß man nicht Sils sondern Fex-Curtins als Ausgangspunkt nimmt.

Übersicht: Über 1100 Hm hindernislose, nord- bis ostseitige Mulden und Hänge, mittelsteil, hoher Gipfelgrat zu Fuß (eventuell sehr steiler Aufstieg durch die Ostflanke), 3 bis 4 km Talmarsch; bei geschickter Wegführung nur mäßig lawinös; bei Firn und Pulver gleich schön, früher Aufbruch wichtig; 5½ Std., 1180 Hm Abfahrt bis Fex-Curtins.

Talort und Zufahrt: Das Fextal kann man sich nur zu Fuß erwandern, Hotel am Südende von Fex-Curtins (1970 m); mit Pkw aus dem Oberengadin nach Sils-Maria und eventuell noch 500 m auf der Fexer Straße zum großen P. Nun anfangs auf der Straße bis Fex-Vaüglia, dann schöner auf der Loipe nach Curtins, gut 1 Std.

Aufstieg: Entweder gleich südlich des Hotels über den Bach Fedacla und sich etwas links haltend zur Alp da Segl, dann über den folgenden großen, ziemlich steilen Hang diagonal nach Süden empor. Oder (bequemer, sicherer aber etwas weiter) vom Hotel noch 1,2 km im fast ebenen Talboden nach Süden und auf einen Kegel, der das Tal fast abriegelt. Von dessen Höhe in einer weiten Mulde nach Westen 100 Hm aufwärts. Nun (wieder gemeinsam) nur noch leicht steigend nach links um die Ecke zu dem Absatz mit den Lejins (= Seelein, 2301 m). Jetzt 100 Hm genau nach Süden diagonal über die Hänge auf einen blockigen Absatz (2437 m). 120 Hm gerade aufwärts, dann sich wieder stark links haltend um mehrere Ecken zum Vadret dal Güz. Problemlos über die Gletscherfläche in die linke, obere der beiden auffallenden Scharten (Fuorcla Fex-Fedoz, 3144 m), Skidepot. Über den langen Rücken meist auf Firn zum Gipfel. (Mit Ski: Vom Vadret dal Güz in 3050 m Höhe östlich schräg am sehr steilen Hang hinab und dann auf einer deutlichen Gletscherrampe mit Spalten genau nach Süden Richtung Gipfel; nur bei besten Verhältnissen!).

Abfahrt wie Aufstieg.

Piz Fora
Monte Disgrazia
steile Variante
Foto
R.Rother
Fextal

zum Piz Fora
Foto:
H. Ziegenhart

Tourengebiet 12
(Tour 126–131)

COAZHÜTTE

2610 m

Berninagruppe

Die Berge um den Roseggletscher sind großartige, aber sehr anspruchsvolle und hochalpine Skiziele. Der mächtige Eisstrom ist von zahllosen Spalten und Brüchen durchfurcht, und er darf deshalb nur mit Seil begangen werden. Man beachte: Die alte Coazhütte unter den Wänden von Murtel ist unbenützbar (der Untergrund setzte sich infolge des Gletscherrückgangs in Bewegung); der sehr schöne neue Stützpunkt liegt viel höher oben auf Las Plattas.

Talorte und Zufahrten: Entweder Silvaplana/Surlej, 1815 m, Talstation der berühmten Corvatsch-Seilbahn, herrliche Langlaufmöglichkeiten im Bereich der Oberengadiner Seen; Zufahrt von Landeck durch das Inntal/Engadin oder von Chur über Lenzerheide und den Julierpaß.

Oder Pontresina, 1805 m, berühmtes Bergsteigerzentrum des Oberengadin mit verschiedenen Liften und Bahnen.

Zugang zur Hütte von Silvaplana/Surlej: Mit der Corvatsch-Seilbahn zur Bergstation 3295 m. Prächtiger Blick auf Piz Bernina, Biancograt usw. Gut 100 Hm nach Südwesten über den Corvatschgletscher hinab, Überquerung des als Felsrippe ausgeprägten Piz-Murtel-Nordostgrates. Quer über den Vadret da l'Alp Ota zur nächsten Rippe, die in 3140 m Höhe gut überschritten werden kann. So kommt man auf den Vadret dal Murtel. Nun 300 m schräg abwärts nach Süden, erst dann schwingt man gerade über die teilweise steilen Hänge nach Osten hinab bis zu der deutlichen Terrasse in etwa 2650 m Höhe. Nun sehr lange Querung nach Süden zur bereits sichtbaren Hütte. Gut 1 Std., nur bei sicheren Schneeverhältnissen (Ostseite!).

Zugang von Pontresina: 8 km durch das ganz flache Rosegtal einwärts zur großen Talverzweigung. Auf der Zunge des Roseggletschers oder auf der westlichen Moräne weiter. Das sehr steile Ufer ersteigt man meist am besten in 2350 m Höhe. Mit einem Rechtsbogen zur Hütte. 4 bis 5 Std. von Pontresina, das Ufer läßt sich nur bei sicherem Schnee ersteigen.

Coazhütte, 2610 m, SAC, 40 Plätze, Tel. 082/66278, zur Tourenzeit im Frühjahr bewirtschaftet, Anmeldung empfehlenswert.

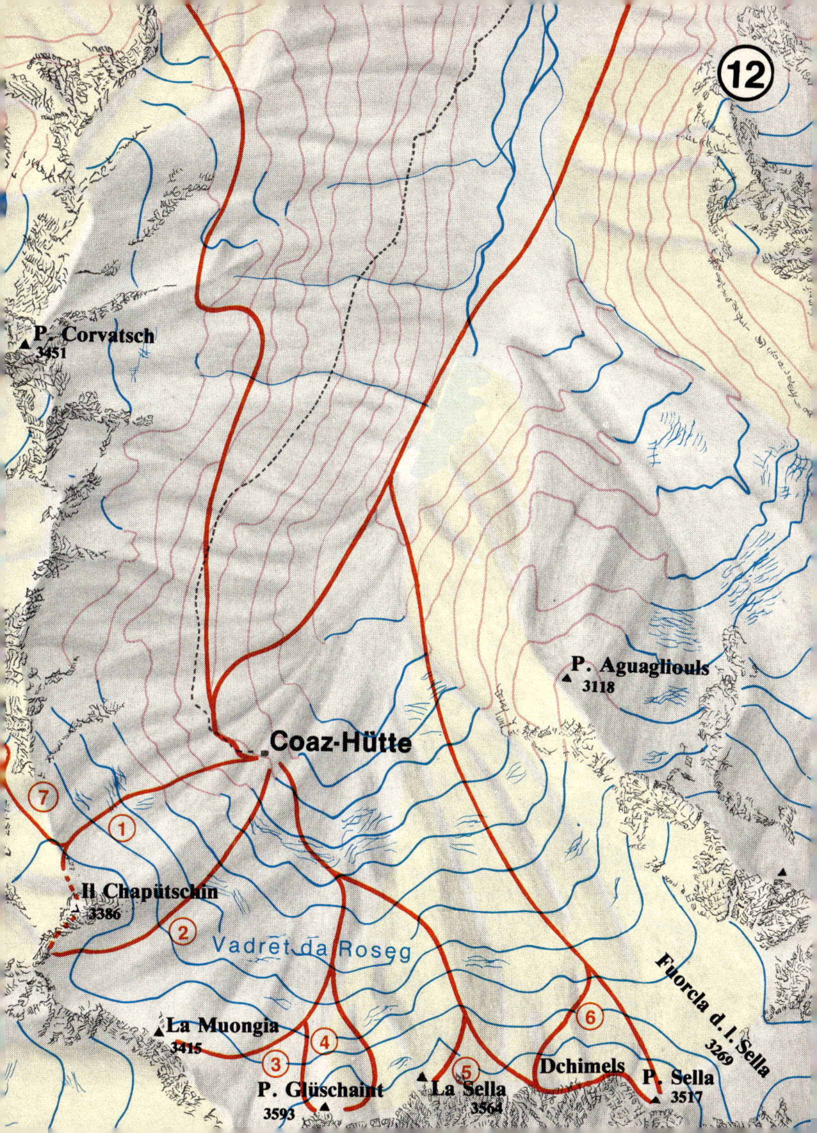
12
P. Corvatsch
3451
P. Aguagliouls
3118
Coaz-Hütte
7
1
Il Chapütschin
3386
2
Vadret da Roseg
Fuorcla d. l. Sella
3269
6
La Muongia
3415
4
3
5
Dchimels
P. Glüschaint
3593
La Sella
3564
P. Sella
3517

① **Il Chapütschin** von Nordosten, 3386 m

Das leichteste Ziel im Bereich der Coazhütte, ein feiner Skiberg mit zügiger, hindernisloser Abfahrt und einem herrlichen Rundblick

Übersicht: Teilweise steile Nordosthänge und Gletscherflächen, Gipfelgrat zu Fuß, nicht lawinensicher; 2½—3 Std., 700 Hm Abfahrt.

Aufstieg: Von der Hütte aus erst nach Westen, sich also etwas rechts haltend, auf das Nordende des Vadret dal Chapütschin. Über ihn nach Süden in die Scharte im Hauptkamm. Jenseits mit Ski so hoch als möglich gegen den Gipfel empor, die letzten 15 Min. dann zu Fuß über den Nordgrat.

Abfahrt wie Aufstieg.

② **Il Chapütschin** von Südosten, 3386 m

Eine interessante Variante zum üblichen Aufstieg, die sich vor allem dann lohnt, wenn am Südwestgrat die Felsen schon aper sind.

Übersicht: Ostseitige Gletscherhänge mit Steilstufe; Gipfelgrat mit Kletterei (im Sommer I); 3 Std., 700 Hm Abfahrt.

Aufstieg: Südlich der Hütte über die scharfe und steile Moräne auf den Roseggletscher. Von hier direkt nach Süden, über eine recht steile Stufe in das weite Gletscherbecken nördlich der Muongia. Nach Westen, am Schluß wieder steil, in den Sattel zwischen Chapütschin und Chapütschin Pitschen (südlicher Vorgipfel). Über den felsigen Südwestgrat auf den Gipfel.

Abfahrt wie Aufstieg.

③ **La Muongia,** 3421 m

Dieser an sich unbedeutende Gipfel fällt durch seinen runden Felskopf (3415 m) auf, der höchste Punkt wird jedoch durch einen breiten Eisbuckel gebildet. Ein interessantes, wegen der vielen Spalten nicht zu unterschätzendes Frühjahrsziel.

Übersicht: Nordseitige, teilweise sehr zerrissene Gletscherböden; Gipfel leicht; je nach Verhältnissen 3 bis 4 Std., 810 Hm Abfahrt.

Aufstieg: Südlich der Hütte über die scharfe und steile Moräne hinüber auf den Roseggletscher. In 2800 m Höhe Querung unter einem großen Bruch in die große Gletschermulde, die genau auf den Nord-

Dschimels
La Sella
Cima Sondrio
Piz Glüschaint
Fuorcla dal Glüschaint
4
5
3
5
Roseggletscher
Foto R.Rother

sporn des Piz Glüschaint zuführt. Nun sich leicht rechts haltend über sehr zerschründetes Gelände (unbedingt anseilen) auf die Fuorcla dal Glüschaint zu. Kurz vor ihr nach rechts und auf die Eiskalotte der Muongia (= Nonne).

Abfahrt wie Aufstieg. Oder: direkt nach Norden über den Gletscherbruch: Eine rassige, hochalpine Abfahrtsvariante, die Orientierungssinn und das sichere Beherrschen der Ski in steilem Gelände voraussetzt (Spalten). Vom Skidepot direkt steil nach Norden hinab, bei den ersten Spalten sich leicht rechts (nordostwärts) halten, dann wieder links (westlich des Punktes 3084 der Landeskarte) über den Steilhang in den Gletscherboden zwischen La Muongia und Il Capütschin hinab (3100 m). Nordostwärts, — sich immer an den Gletscherbrüchen links oberhalb orientierend — über flachere Hänge zur Aufstiegsspur.

④ **Piz Glüschaint,** 3594 m

Der beherrschende Gipfel über dem Roseggletscher, der hinausleuchtet bis Pontresina und davon seinen Namen „leuchtende Spitze" erhalten hat. Es handelt sich um ein ernstes, sehr hochalpines Ziel, das unbedingt eine große Erfahrung im Begehen zerrissener Gletscher erfordert.

Übersicht: Nordseitige, sehr stark zerschründete Gletscherflächen, Seil und Pickel etc. unbedingt notwendig; nur bei nebelfreiem Wetter!; 4 bis 5 Std., 950 Hm Abfahrt.

Aufstieg: Wie bei ③ in die große Gletschermulde. Es gilt nun, das nächst höhere, zwischen die Nordgrate von Piz Glüschaint und La Sella eingelagerte Becken zu erreichen. Ein Bruch und mächtige Spalten verwehren einen direkten Zugang. Da der Gletscher sein Aussehen rasch ändert, läßt sich keine allgemein gültige Route festlegen. Man sollte schon am Vorabend von der Hütte aus den besten Durchschlupf studieren. Links der Brüche (oder auch rechts am Nordgratfuß des Piz Glüschaint) über die Stufe und durch das folgende Becken bis vor den Hauptgrat. Nach rechts zum Nordgrat und leicht zu Fuß zum höchsten Punkt.

Abfahrt wie Aufstieg.

⑤ **La Sella,** 3584 m

Ein elegantes Gipfelpaar im Hauptkamm östlich des Piz Glüschaint. Auch diese, relativ selten durchgeführte Tour ist so ernst zu nehmen wie ④.

Piz Sella
Dschimels
La Sella
Piz Glüschaint
La Muogna
6
5
4
3
Foto:
L.Gensetter

⑥ **Piz Sella,** 3511 m, und **Dschimels,** 3500 m

Die östlichsten Gipfel im Sellakamm sind nur noch breite Firnrücken, die man bis zum höchsten Punkt mit Ski besteigen kann. Von der Hütte nicht so lohnend wie die vorherigen Ziele, sehr schön jedoch die Abfahrt über den Vadret da la Sella in das Rosegtal und nach Pontresina — eine elegante Möglichkeit, um von der Hütte ins Tal zurückzukehren.

Übersicht: Aufstieg über sehr spaltenreiche Gletscher, Seil usw. notwendig, Abfahrt über den weniger zerschründeten Sellagletscher nur mittelsteil, nur in der Gipfelregion steil, nordseitig; nur bei bestem Wetter; 4 bis 5 Std., Abfahrt bis in den Boden des Rosegtales 1400 Hm, bis Pontresina 1700 Hm.

Aufstieg: Am kürzesten wie bei ⑤ auf den Boden nordöstlich unter La Sella. Nun nach Südosten und über eine kleine Stufe auf den Westgipfel der Dschimels (= Zwillinge). Man kann nun den Eisrücken bis zum Piz Sella mit Ski verfolgen, muß jedoch eine zweite kleine Stufe abwärts überwinden.

Abfahrt in die Val Roseg: Entweder von dem Sattel östlich neben dem Punkt 3497 m (Östlicher Zwilling) durch eine Gletschermulde nach Norden und in etwa 3200 m Höhe nach rechts hinüber auf den Hauptstrom des Sellagletschers. Oder vom Piz Sella nach Norden (ziemlich steil) direkt dorthin. In der Mitte hinab ins Tal (eventuell dem unteren Bruch links im Moränengelände ausweichen) und ganz flach hinaus nach Pontresina.

⑦ **Abfahrt über Furtschellas nach Surlej (Corvatschbahn-Talstation)**

Bei sicheren Verhältnissen eine äußerst lohnende Abfahrtsmöglichkeit von der Coazhütte. Rassige Nordwesthänge. Allerdings muß von der Hütte zuerst auf die Scharte nördlich des Il Chapütschin aufgestiegen werden. Diese Abfahrt läßt sich ideal mit einer Besteigung des Il Chapütschin verbinden.

Übersicht: Aufstieg zur Scharte wie ①, 600 Hm. Abfahrt nach Nordwesten auf die Ebene Plaun da las Furtschellas, 600 Hm. Leichter Gegenanstieg zur Liftstation Furtschellas, 150 Hm. Gemütliche Pistenabfahrt zur Talstation Surlej der Corvatsch-Bahn.

Abfahrt von der Scharte (3200 m): Zuerst nach Nordnordwesten leicht fallend über den Vadrettin dal Chapütschin (man lasse sich nicht verleiten zu früh in die steilen Westhänge nach links abzufahren!) bis zur Schulter, 3095 m. Dann über die sehr schönen Nordwesthänge (immer leicht rechts haltend) auf das Seenplateau, 2670 m. Auf den welligen Böden strikt nach Norden. Gegenanstieg, 150 Hm, bis zur Bergstation des Sesselliftes Furtschellas, 2785 m. Über gut markierte Pisten nordostwärts immer leicht fallend bis zur Talstation, 1820 m.

Übersicht: Oben nordseitige, zerschründete Hänge, dann längere Querungen; Seil, Pickel etc. unbedingt notwendig; nur bei nebelfreiem Wetter!; 4 bis 5 Std., 900 Hm Abfahrt.

Aufstieg: Wie bei ③ in die große Gletschermulde. Leicht abwärts nach Nordosten, dann steil über den Gletscherrücken, der auch P. 3057 m trägt, aufwärts (Spalten). In den Gletschersattel zwischen den beiden Sella-Gipfeln. Nach rechts über steilen Firn zu Fuß (eventuell Steigeisen notwendig) zum höheren Westgipfel.

Abfahrt wie Aufstieg.

Tour 132
PIZ ARGIENT
3945 m
Berninagruppe

Der Piz Bernina erscheint mir für einen derartigen Führer doch allzu anspruchsvoll, andererseits soll das Bovalgebiet nicht ganz unter den Tisch fallen. So bietet sich der Piz Argient, die Silberspitze, fast automatisch als Kompromiß an. Zwar muß auch hier der ausgesprochen wild zerklüftete Gletscher überwunden werden, doch bietet wenigstens der Gipfel selbst meist keine allzu großen Schwierigkeiten — und außerdem ist die Abfahrt von der Fuorcla dal Zupó schöner als jene vom Piz Bernina.

Übersicht: Anspruchsvollste Tour dieses Führers, Begehung eines zerrissenen, steilen Gletschers, sehr gute Kondition und allerbeste Verhältnisse notwendig, im April oder Mai; Gipfelgrat (Firnschneide) zu Fuß; komplette Eisausrüstung mitnehmen; 6 bis 8 Std., 1950 Hm Abfahrt.

Talort und Zufahrt: Mit Pkw oder Bahn nach Morteratsch, 1896 m.

Stützpunkt: Bovalhütte des SAC, 2495 m, 61 Plätze, während der Tourenzeit meist Hüttenwart. Von Morteratsch über den gleichnamigen Gletscher bis hinter die Hütte, erst jetzt nach rechts und zu ihr empor; 2½ Std. Man kann auch von der Diavolezza zur Hütte abfahren.

Aufstieg: Kurz im Moränentälchen nach Süden, dann nach links auf die flache Gletscherzunge hinaus. Diagonal über die breite Eisfläche in die linke, hintere Ecke. Nun immer parallel zu den Felsen in einer Gletschermulde (Spalten) teilweise steil empor bis in 3200 m Höhe. Sobald es die Spalten zulassen, nun nach rechts (unbedingt Seil anlegen). So erreicht man waagrecht oder sogar leicht abwärts den sogenannten Buuch, einen Eisbruch zwischen P 3235 m und P 3591 m. Über diese sehr steile, von gewaltigen Querspalten zerrissene Stufe (manchmal kein Durchschlupf möglich). Nun über die weiten Gletscherflächen (weitere große Spalten) immer auf den Piz Argient zu in das oberste Becken westlich des Piz Zupó. Flach in die Fuorcla dal Zupó, 3851 m Skidepot. Über den Firngrat zum Gipfel.

Abfahrt wie Aufstieg.

Von der Scharte aus läßt sich natürlich auch der **Piz Zupó,** 3995 m, ersteigen, wesentlich anspruchsvoller, oft vereist.

Piz Zupo
Piz Argient
Foto:
Plattner

Tour 133
PIZ PALÜ
(Ostgipfel)
3882 m
Berninagruppe

Der Piz Palü ist einer der formenschönsten Berge und eines der vornehmsten Skiziele der gesamten Alpen. Seit dem Bau der Diavolezzabahn hat er sich regelrecht zur Modetour entwickelt und wird deshalb von vielen ganz sträflich unterschätzt. Dieser fast-Viertausender mit seinem wilden Eisbruch und dem exponierten, oft beinhart gefrorenen Gipfelgrat erfordert einen erfahrenen Hochtouristen und eine komplette Eisausrüstung. Man lasse sich nicht von idealen Verhältnissen — die hin und wieder einmal herrschen — zum Leichtsinn verführen.

Übersicht: Nordseitige Gletscherhänge, im oberen Teil sehr steil, dann Gletscherbruch, unten flach; Gipfelgrat steil, reiner Schneeanstieg, Pickel und Steigeisen oft notwendig; nur bei guten Verhältnissen und zuverlässigem Wetter; 4½ Std., 1840 Hm Abfahrt nach Morteratsch.

Talort und Zufahrt siehe Tour 135 (Piz Alv).

Stützpunkt: Diavolezzahütte, 2973 m, bei der Bergstation der Seilbahn, privat.

Aufstieg: Man muß von der Hütte über die am Morgen meist beinhart gefrorenen Hänge zuerst auf die Zunge des Persgletschers hinab. Man folgt dabei entweder der üblichen Abfahrt etwas rechts der Fallinie, oder man hält sich anfangs Richtung Piz Trovat in das Kar an seinem Nordfuß, um dann über eine Moränenstufe den Gletscher zu erreichen (teilweise sehr steil). Nun wandert man über das flache Gelände nach Süden unter dem P. 2863 hindurch, bis die flacher werdenden Hänge es erlauben, nach Osten abzubiegen (wegen der Spalten nicht zu früh!). Oberhalb hat man nun den großen Gletscherbruch. Die Verhältnisse ändern sich hier rasch. Entweder ganz links am Fuß des Cambrena entlang, im oberen Teil oft schräg nach rechts hinaus; manchmal läßt sich der Bruch auch ziemlich am rechten Rand überwinden. Durch das folgene Becken, dann über den schmalen, im mittleren Teil sehr steilen Hang (Spalten) auf die Ostgratschulter, 3740 m, Skidepot. Über den steilen Eisrücken auf den Ostgipfel.

Abfahrt im oberen Teil wie Aufstieg, dann wie die übliche Abfahrt über Pers- und Morteratschgletscher hinaus nach Morteratsch.

Piz Palü – Ostgipfel
Ostschulter
Skidepot
Abfahrt
über Isla Persa
Foto:
L. Gensetter

Tour 134
SASSAL MASON
3031 und 2989 m

Berninagruppe

Sassal Mason heißt der östlichste Eckpfeiler des Bernina-Hauptkammes. Er springt gegen das Puschlav vor; entsprechend großartig ist der Tiefblick über 2000 Hm. In der Nordflanke des Berges liegen drei Kare nebeneinander, die von Westen nach Osten zu immer steiler werden. Hier kann sich jeder die Tour nach seinem Gusto — und nach den Verhältnissen — auswählen.

Übersicht: Rein nordseitige Mulden, drei Abfahrten, eine mittelsteil, eine steil, eine sehr steil; entsprechend ist die Lawinengefahr; Gipfelaufbau in jedem Fall zu Fuß, Kletterei in teilweise steilem Blockwerk (im Sommer I); 2 bis 2½ Std., max. 700 Hm Abfahrt.

Talort und Zufahrt siehe Tour 135 (Piz Alv). Vom Parkplatz an der Diavolezza noch 4 km weiter bis auf die Höhe der nördlichen Staumauer des Lago Bianco.

Über die Fuorcla di Caral zum Westgipfel: Eine kurze Tour über herrlich freie, zügige Hänge, 600 Hm Abfahrt. Nördlich um den Lago Bianco und auf die Schwemmebene des Cambrenabaches. Von hier genau nach Süden durch das Tälchen, rechts um den Punkt 2588 herum und gerade in den Sattel. Skidepot. Über den kräftig steigenden Blockgrat auf den Westgipfel, 2989 m

Über das Sassal-Mason-Gletscherchen zum West- oder Hauptgipfel: Etwas schwieriger als die erste Möglichkeit, oben ziemlich steil. Wie zuvor zu Punkt 2588 m. In 2600 m Höhe über die Moräne und dann waagrechte Querung nach Südosten um den folgenden Gratsporn. Durch die folgende Mulde hinauf auf das kleine Gletscherchen, das im oberen Teil ziemlich steil ist. Entweder rechts haltend auf den Westgipfel oder gerade empor in die Scharte westlich des höchsten Punktes. Zu Fuß über den Blockgrat auf den Gipfel.

Durch die östliche Mulde: Ausgesprochen steile, rassige Skitour, nur bei sicherem Firn. Wie oben auf den Schwemmkegel des Cambrenabaches und über sanftes Gelände zu P. 2374 m. Schräg links über eine Stufe. Dann stark nach links in die auffallende Steilmulde, die links des Gipfels auf eine Schulter führt. Über den folgenden Steilhang an die Felsen und zu Fuß ziemlich steil über den Südostgrat.

Abfahrten wie Aufstiege. Es sind viele Varianten möglich.

Tour 135
PIZ ALV
2975 m
Livignoalpen

Unzählige Skifahrer standen schon am Fuß des Piz Alv, und doch wird kaum einer von ihnen diesen Namen kennen. Der schöne Felsberg beherrscht das obere Berninatal, ragt mächtig über den Talstationen der Diavolezza- und der Lagalbbahn auf. Sein trotziges Aussehen läßt wirklich nicht ahnen, daß man diesen Berg bis zum höchsten Punkt mit Ski besteigen kann. So blieb diese lohnende Tour bis heute fast unbekannt.

Übersicht: Unten langgestrecktes, aber immer ausreichend geneigtes Tal, um eine zügige Abfahrt zu erlauben, im Mittelteil hindernislose Nordhänge, oben breites Gratdach zum Gipfel; keine skitechnischen Schwierigkeiten; in der Val dal Fain Lawinengefahr aus den Flanken; 3 Std., 930 Hm Abfahrt.

Talort und Zufahrt: Der nächste richtige Ort ist das weltbekannte Pontresina, 1805 m; von dort 9 km ins obere Berninatal zum Parkplatz der Diavolezza-Seilbahn; große Pisten an der Diavolezza und am Piz Lagalb (steil).

Aufstieg: Je nach den Schneeverhältnissen steigt man bis in 2300 m Höhe entweder rechts (besser) oder links des teilweise etwas schärfer eingeschnittenen Baches in der Val dal Fain empor. (Dazu überschreitet man im ersteren Fall auf der Hauptstraße die Berninabrücke und biegt dann links zur Alp Bernina ab. Sonst wandert man auf der Straße 300 m zurück, bis bei ein paar Schildern ein Fahrweg abzweigt.) Nach etwa einer Gehstunde verzweigt sich der Bach. Am besten auf dem breiten Rücken zwischen den beiden Ästen erst nach Osten (etwas oberhalb liegt die Alp la Stretta), dann über flache Hänge nach Süden in eine Mulde. Nun mehr südwestlich über etwas steileres Gelände zu einer Stufe mit zwei Seen und sich rechts haltend in den tiefsten Sattel (Fuorcl' Alv). Über eine etwas steilere Passage auf das breite Gipfeldach und nach Südwesten zum höchsten Punkt.

Abfahrt wie Aufstieg. Bei idealen Verhältnissen ist es möglich, aus der Fuorcl' Alv über die Steilhänge direkt abzufahren. Von der tiefsten Scharte 50 Hm genau nach Norden, dann 100 Hm sehr steil schräg nach links abwärts auf die nächste Abflachung. Hier schräg nach rechts, dann gerade in den mittleren Teil der Val dal Fain.

Tour 136
PIZZO CANTONE
2904 m
Livignoalpen

Das langgestreckte Livignotal wird im Westen vom Kamm des Monte Campacci begleitet, der durch seine leuchtenden, makellos weißen Hänge auffällt. Ein Teil dieses Idealskigeländes wurde für die Pistenfahrer erschlossen. Doch blieb die herrliche 1000m-Abfahrt vom Pizzo Cantone unberührt, ja, trotz Liftnähe sind dort selten Spuren zu sehen. Dabei ist die ganze Strecke vom Tal aus einzusehen!

Übersicht: 750 Hm über schönste, hindernislose Böden, Hänge und kurze Stufen, dann steiler Waldabschnitt, Ostrücken, den man zum Teil auf seiner Südseite befährt; bei geschickter Routenführung nur mäßig lawinös; 3 Std., 1040 Hm Abfahrt.

Talort und Zufahrt: Livigno, 1816 m, ein 4 km langes Straßendorf in einem etwas einförmigen Hochtal, auch architektonisch nicht reizvoll, doch dank der schönen Skihänge und der Zollfreiheit (italienisches Hoheitsgebiet) inzwischen zu einem beliebten Skizentrum aufgestiegen. Zufahrt von Norden durch das Unterengadin nach Zernez, dann kurz auf der Ofenpaßstraße und schließlich durch den Punt-la-Drossa-Tunnel ins Tal von Livigno. Ausgangspunkt zu Tour 3,5 km südlich der Ortsmitte beim „Sporthotel".

Aufstieg: Schaut man durch das Tal von Livigno nach Süden, dann erkennt man am rechten Hang die große Anlage „Telecabine 3000". Südlich davon schiebt sich der felsige Rücken des Monte delle Rezze gegen das Tal vor. In der Nordflanke dieses Rückens verlaufen Aufstieg und Abfahrt. Pisten- und Tourengebiet sind durch den sehr scharfen Bacheinschnitt von Rino della Roina getrennt.

Vom Sporthotel über den Schwemmkegel des Rino della Roina (Babylift) zum Waldrand. An einer Alm vorbei gut 100 Hm durch steilen Wald, der sich jedoch bald lichtet. Wo das Gelände flacher wird, sich mehr links haltend (nach Südwesten) auf einen Rücken im Gelände. Er führt parallel zum Ostrücken des Monte delle Rezze nach Westen aufwärts. Über Hänge und kleine Stufen über den gesamten Rücken hinauf. Er mündet in 2820 m Höhe auf den Verbindungsgrat Rezze-Cantone. Über den Grat auf den Gipfel des letzteren.

Übergang von der Bergstation der „Telecabine 3000" möglich, aber nicht empfehlenswert, da die Abfahrt von oben ohne Spuren sehr schwer zu finden ist.

Abfahrt wie Aufstieg.

Foto: F. Thorbecke

Tour 137

MONTE ROCCA

2810 m

MONTE RESACCIO

2814 m

Livignoalpen

Das zu Italien gehörige Tal von Livigno läßt sich aus dem Mutterland nur über die beiden hohen Pässe von Eira und Foscagno erreichen. Nördlich des letzteren erhebt sich ein breiter, völlig isolierter Bergstock, das Resaccio-Massiv. Seine beiden höchsten Gipfel bieten im (Spätwinter und) Frühjahr eine abwechslungsreiche Bergfahrt mit einer herrlichen Abfahrt. Großartig ist das Panorama vom Monte Resaccio (Ortler, Cima di Piazzi, Bernina...).

Übersicht: Nordwestseitige Ideal-Skiböden in „Arlbergqualität"; zwischen Monte Rocca und Monte Resaccio 1 km Grat, je nach Schnee ganz oder teilweise mit Ski; 2¾ Std., 800 Hm Abfahrt vom Monte Rocca.

Talort siehe Tour 136.

Zufahrt: Vom Ortszentrum in Livigno über den Passo d'Eira hinab ins folgende Tal. Unmittelbar **vor** dem Ponte del Rezz scharf nach links und bergab auf schmalem Sträßlein. Nach 1,5 km beim Wegweiser „Passo Trele — Lago Nero" nach rechts über die Brücke und drüben steil bergauf. P-möglichkeit bei alleinstehendem Haus (insgesamt etwa 12 km).

Aufstieg: An den Almhütten von Tee di Pila vorbei über die Hänge Richtung **Le Piazze** (2456 m). Diese breite Schneekuppe läßt sich leicht besteigen, kürzer jedoch unter ihr nördlich hindurch. Weiter über die makellosen, gewellten Hänge nach Südosten gegen den Nordwestgrat des Monte Rocca. In sehr aussichtsreichem Gelände auf einen Vorkopf. Hier steht man nun unmittelbar vor dem Gipfelaufbau des **Monte Rocca.** Rechts des Grates führt ein Hang zur Schulter (siehe Foto). Kurz nach links zum Gipfel.

Der reine Skifahrer wird sich mit diesem Ziel zufriedengeben. Der Bergsteiger hängt — vor allem wegen der Aussicht — den Gratübergang zum **Monte Ressacio** an (tiefster Grateinschnitt 2720 m). Auf dem Grat oder in der Flanke rechts, je nach Gusto mehr oder weniger mit Ski, bzw. zu Fuß. Genaue Beschreibung überflüssig.

Abfahrt wie Anstieg.

Monte Rocca
Abfahrt –
Foto:
F. Holzermayr

Stichwortverzeichnis

Die Zahlen hinter dem Namen geben die Seitenzahl an.

Die Spur
zum Gipfel
führt über basecamp
Hier finden Sie alles für den
Tourenskifahrer – und eine optimale,
individuelle Beratung dazu.
basecamp
alpines Fachgeschäft
Gaißacherstraße 18 · Ecke Implerstr. P U
8000 München 70 · Telefon 764759

Rückseite beachten

✂ ....

Berichtigung

(bitte im Umschlag einsenden an Bergverlag
Rudolf Rother GmbH, 8000 München 19, Postfach 67)

Die Randzahl .... des Alpenvereins-Skiführers Ostalpen, Band 3, Auflage 1981, bedarf folgender Verbesserung bzw. Neufassung:

....

....

....

....

....

bitte wenden!

....

....

Absender:...

Postleitzahl, Ort:...

Straße:..

Die Bergverlag Rudolf Rother GmbH ist berechtigt, diese Berichtigung dem Verfasser zur Bearbeitung der neuen Auflage zuzustellen. Der Verlag wird bei Erscheinen dieser neuen Auflage dem Einsender ein Exemplar zum Vorzugspreis mit 50 % Nachlaß anbieten.